MERIAN *live!*

MAURITIUS

Friederike von Bülow ist Journalistin. Sie ist von Mauritius fasziniert und verzaubert. Regelmäßig reist sie dorthin, um aufzutanken, zu leben. Die Menschen und die Landschaft lassen sie nicht mehr los.

W0172164

👫 Familientipps		📷 FotoTipp
♿ Barrierefreie Unterkünfte		◎ Ziele in der Umgebung
🌿 Umweltbewusst Reisen		📖 Faltkarte

Preise für ein Doppelzimmer mit Frühstück:

€€€€ ab 225 €   €€€ ab 150 €
€€ ab 100 €   € bis 100 €

Preise für ein dreigängiges Menü ohne Getränke:

€€€€ ab 60 €   €€€ ab 40 €
€€ ab 30 €   € bis 30 €

INHALT

| Willkommen auf Mauritius | 4 |

MERIAN TopTen
Höhepunkte, die Sie sich nicht entgehen lassen sollten 6

MERIAN TopTen 360°
Hier finden Sie sich schnell zurecht 8

MERIAN Tipps
Tipps, die Ihnen unbekannte Seiten der Insel zeigen ... 14

| Zu Gast auf Mauritius | 18 |

Übernachten 20
Essen und Trinken 24
Einkaufen... 28
Sport und Strände... 32
Familientipps 38

◄ Fast alle einheimischen Fischer arbeiten noch mit den traditionellen, einfachen Fangmethoden.

Unterwegs auf Mauritius 42

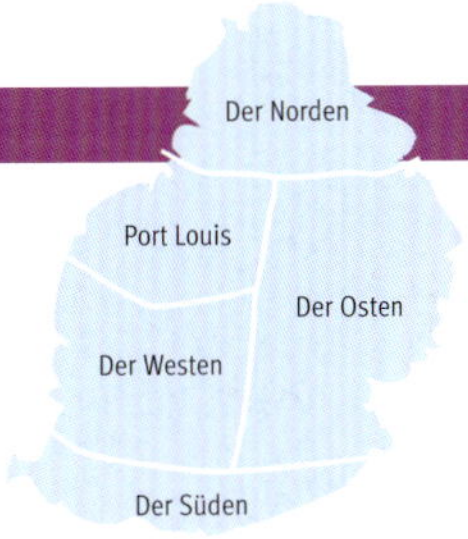

Der Norden

Port Louis

Der Osten

Der Westen

Der Süden

Port Louis 44
Der Norden 56
Der Osten 64
Der Süden 74
Der Westen 80

Touren und Ausflüge 90

Von Rivière du Rempart nach Mahébourg 92
Der Inselwesten 94
Der Süden 96
Rundfahrt durch den Norden 98
Wanderung auf den Piton de la Petite Rivière Noire 99
Pamplemousses Gardens 100
Ausflug zur Nachbarinsel Rodrigues 102

Wissenswertes über Mauritius 106

Auf einen Blick 108
Geschichte 110
Reisepraktisches von A–Z 112
Orts- und Sachregister 124
Impressum 128

Karten und Pläne

Mauritius .... Klappe vorne
Port Louis .... Klappe hinten
Curepipe 85
Rodrigues 103
EXTRA-KARTE ZUM HERAUSNEHMEN .... Klappe hinten

Willkommen auf Mauritius

Freundliche Menschen unterschiedlicher Kulturen in einer abwechslungsreichen Landschaft: Das alles gehört zur wunderschönen Insel Mauritius.

Sie ist eine wahre Schönheit, diese Insel im Indischen Ozean. Sie ist nicht einfach nur hübsch – wahre Schönheiten strahlen lang anhaltend, sind dabei dennoch zurückhaltend und unaufdringlich. Wie zum Beispiel die Farben des Indischen Ozeans, der die Insel umspült. Sie wechseln manchmal stündlich von Türkis zu einem satten Dunkelblau.

Das Land hingegen trägt ein sattes Grün. Und die Menschen stets ein strahlendes Lächeln. Die Mauritier sind eben ein überaus freundliches Volk. Und ein stolzes Volk, das sich erst im 17. Jh. bildete, als die Holländer Sklaven und Sträflinge auf das damals noch unbewohnte Ei-

land 2000 km östlich von Afrika verschleppten. Später dann kamen Menschen aus Europa, aus Afrika, Indien und China hinzu.

Freundlich und entspannt

Port Louis ist die Hauptstadt und Lebensader an der Westküste der Insel. Die Mini-Metropole ist ein wunderbarer Mix aus Alt und Neu: Moderne Hochhäuser aus den letzten Jahren wechseln sich ab mit zahlreichen Kolonialhäusern, und am Rande der Stadt stehen in kleinen Gassen noch alte Holzhäuser, in denen einst die ärmeren Leute gelebt haben. In der Innenstadt rund um den Hafen pulsiert das Leben. Jeder

◄ Port Louis (► S. 45) ist mit seinen 155 000 Einwohnern – zumindest tagsüber – quirlig und munter.

tut hier, was er tun will oder auch muss, immer mit einem freundlichen Gesicht, ohne Hektik und ohne sich über seine Mitmenschen zu mokieren. Egal, ob der Verkehr wieder einmal kollabiert oder die Warteschlangen an den Bushaltestellen bereits bis auf die Straße reichen. Egal, ob die Sonne wieder heiß vom Himmel brennt oder die Wolken sich entschlossen haben, tropische Wassermassen auf die Insel zu schütten – immer sind da diese freundlichen Gesichter.

Balsam für die Seele

Grand Baie im Norden ist der wichtigste Ort für Urlauber, die auf die Insel gekommen sind, um ihre von den Alltäglichkeiten in ihrer Heimat angestrengte Seele ein wenig zu erneuern. Sie residieren in prachtvollen Hotels, treiben hier oben an der Küste Wassersport, baden, stecken ihre Füße in den heißen Sand, liegen unter Palmen und lassen sich alle Wünsche erfüllen. Abends leben sie dann richtig auf, in Restaurants, Bars und Diskotheken, und machen die Nacht zum Tag.

Auf dem Rest der Insel ist es stiller. Nicht nur abends. An den vielen weißen Sandstränden rund um die Insel, in den einsamen Bergregionen, am Rande der grünen Zuckerrohrfelder und Tee- und Kaffeeplantagen liegen Dörfer und Städte, die entspannter sind. Urlauber lassen Golfbälle übers Grün rollen, unternehmen Ausflüge in die Geschichte der Insel, in die Natur, in andere Welten, die in Europa nur schwer zu finden

sind. In Curepipe lassen sie sich einen kühleren Wind ins Gesicht wehen, an der Ostküste baden sie mit der Familie an scheinbar endlosen Stränden, in der kleinen Stadt Mahébourg im Südwesten betrachten sie windschiefe, bunte Häuser.

Natur und Kultur

Im südlichen Teil von Mauritius hat die Natur das Sagen. Die Berge und der Indische Ozean werden rauer, die Landschaft leerer. Hier war die Zivilisation schon immer ein wenig im Abseits. Das schuf Raum für die Sega – die Volksmusik und Tänze der einstigen Sklaven. Heute ist die Sega Kulturträger der Insel Mauritius. Es ist schwer, sich dieser für uns doch im Grunde fremden Musik zu entziehen, fast unmöglich, dabei still stehen zu bleiben.

Innerhalb der Nationalparks beschützt man jetzt die Natur, zeigt man stolz die Naturwunder wie die Terres des Couleurs – ein kleines, vegetationsloses Stückchen Mutter Erde, das vor allem während des Sonnenuntergangs in vielen verschiedenen Farben schimmert. Für einen kam der Schutz jedoch zu spät: den Dodo, einen flugunfähigen Vogel. Er starb vor etwa 400 Jahren aus. Heiligen Schutz hingegen gewährte und gewährt man noch heute dem Grand Bassin, einem Ort an einem kleinen See im Südwesten der Insel. Das Wasser ist für Hindus heilig, denn Gott Shiva soll hier auf einer seiner Reisen einen Schluck Ganges verschüttet haben.

Im Ort Le Gris Gris, dem fast südlichsten Punkt von Mauritius, breitet sich die ganze Schönheit des Indischen Ozeans aus. Hier scheint die Welt irgendwie ein Ende zu haben.

MERIAN TopTen

MERIAN zeigt Ihnen die Höhepunkte der Insel: Das sollten Sie sich
bei Ihrem Besuch auf Mauritius nicht entgehen lassen.

Wünschen Sie sich nicht auch hin und wieder, dass die Welt um Sie herum immer friedlich, die Landschaft wunderschön und das Leben erholsam ist? Auf Mauritius werden Sie eine solche Welt finden: Freundliche Menschen, Sonne, eine farbenfrohe Landschaft, das warme Wasser des Indischen Ozeans und eine knapp 400 Jahre alte Kultur. Hier werden Sie Zeiten der Ruhe genießen oder Feste feiern. Was immer Sie mögen, Sie werden es finden.

MERIAN TopTen 360°

Damit Sie sich vor Ort schneller orientieren können, finden Sie zu ausgewählten MERIAN TopTen auf den folgenden Seiten Umgebungskarten mit Restaurant-, Einkaufsempfehlungen und Tipps für weitere Sehenswürdigkeiten.

1 Belle Mare Plage
Bilderbuchstrand im Osten: weißer Sand und türkisfarbenes, warmes Wasser (▶ S. 37, 67).

2 Domaine les Pailles
Ausflugsort in der Nähe von Port Louis, wie ihn sich Familien wünschen (▶ S. 39, 54).

3 Le Caudan Waterfront, Port Louis
Modernes Einkaufszentrum: Hier gibt es guten Kaffee mit Blick aufs Wasser (▶ S. 46, 53).

4 Champ de Mars, Port Louis
Die älteste Pferderennbahn der Welt – nach Ascot in England – ohne Kleiderordnung (▶ S. 46).

5 Quartier Chinois, Port Louis
Läden, Bars und Restaurants im historischen Viertel (▶ S. 48).

6 Markt in Quatre Bornes
Strickwaren, Polohemden oder T-Shirts – gute und preiswerte Mitbringsel (▶ S. 55).

7 Villa Eureka, Moka
Die koloniale Vergangenheit der Insel empfängt Sie hier mit vornehmer Stille (▶ S. 55).

8 Pamplemousses Gardens
Einer der schönsten Gärten der Welt: riesige Seerosen und uralte Schildkröten (▶ S. 62, 100).

9 Musée Nautique, Mahébourg
Historische Seekarten, Schiffsmodelle und Kolonialmöbel erzählen die Inselgeschichte (▶ S. 70).

10 Le Gris Gris
Heftiger Wind und mächtige Wellen treffen auf die Küste: Der Süden ist rau und wild (▶ S. 75).

360° Domaine les Pailles

MERIAN TopTen

★2 Domaine les Pailles

Das 1500 ha große Gelände, ein wunderbares Ausflugsziel für Familien, ist zum einen ein Freizeitpark mit Angeboten wie Jeep-Safari, Reiten oder Quadfahren. Zum anderen ein Ausflug in die Kolonialgeschichte der Insel, bei dem man etwas lernen kann. Natürlich wird das ein oder andere Klischee bedient, aber der Spaß dadurch nicht getrübt (▸ S. 39, 54).

Les Guibies, Pailles

SEHENSWERTES

① Gewürzgarten

Hobbyköche werden angetan sein: In dem kleinen Gewürzgarten wachsen alle Gewürze, die in der mauritischen Küche Verwendung finden (▸ S. 40).

Domaine les Pailles

② Zuckermühle

Hier wird anschaulich demonstriert, wie einst Zucker verarbeitet wurde, wie der Saft ausgepresst wird und die Melasse entsteht.

Die Besucher dürfen die Resultate auch probieren (▸ S. 40).
Domaine les Pailles

ESSEN UND TRINKEN

3 La Dolce Vita
Mittagssnacks mit den Kindern oder ein Cocktail am Pool. Nebenan gibt es Minigolf (▸ S. 54).
Domaine les Pailles

4 Indra
Seit Jahren gibt es hier gute indische Gerichte. Allein die Einrichtung ist sehenswert. Freundliche Bedienung (▸ S. 54).
Domaine les Pailles

AKTIVITÄTEN

5 Touren durch die Domaine
Je nach Lust können Sie auf unterschiedliche Art das Gelände entdecken: Neben der Jeep-Safari gibt es eine kleine Eisenbahn. Die Fahrt dauert ca. zehn Min. Etwa 15 Min. brauchen Sie, wenn Sie mit der Kutsche fahren (▸ S. 40).
Domaine les Pailles

360° Quartier Chinois, Port Louis

MERIAN TopTen

5 Quartier Chinois

Im kleinen Quartier Chinois, im Chinatown von Port Louis, kann man sich im fröhlichen Stimmengewirr der Menschen auf dem Markt, in bunten Farben und exotischen Gerüchen treiben lassen. In den kleinen, windschiefen Häuschen findet man unterschiedliche Geschäfte mit beispielsweise den typischen chinesischen Tees und Lebensmitteln und auch einige Werkstätten (▸ S. 48).

SEHENSWERTES

1 Blue Penny Museum

Kernstück des Museums sind die Briefmarken – vor allem die wichtigsten und bekanntesten: die Blaue und Rote Mauritius (▸ S. 48). Le Caudan Waterfront

2 La Citadelle (Fort Adélaïde)

Das knapp 200 Jahre alte Fort, einst von Engländern gebaut, ist heute ein Ort der Ruhe und Kultur. Und eine Location mit wunderbarem Blick über die Stadt (▸ S. 46).

 **Jummah Moschee**
Keine Pagode schmückt das Zentrum von Chinatown, sondern eine Moschee. Der Grund ist ein einfacher: Während des Baus im 19. Jh. lag hier noch das Zentrum der indischen Bevölkerung. Erst Jahrzehnte später zogen die Chinesen hierher. Die Moschee gehört zu den prachtvollsten Bauten der Insel: wunderschöne Verzierungen, Vertäfelungen aus Holz und ein beeindruckendes Holztor (▸ S. 47).
Rue Royale

ESSEN UND TRINKEN

 **Chinesische Garküchen**
Vor Ihren Augen werden authentische chinesische Gerichte zubereitet (▸ S. 52).
Rue Dr. Sun Yat Sen

AM ABEND

 **Côté Jasmin**
Mauritier und Touristen entspannen sich in der Gartenbar bei einem Bier oder Cocktail und italienischen Kleinigkeiten (▸ S. 53).
9b, Rue Saint Georgesw

360° Le Gris Gris

MERIAN TopTen

Le Gris Gris

Der südlichste Punkt – und der wildeste. Das Meer ist aufgewühlt und rollt mit mächtigen Wellen auf die Küste zu. Baden darf man hier nicht, aber der Anblick der Klippen, die sich brechenden Wellen und die salzige Luft reichen für einen satten Urlaubsgenuss – vor allem, wenn man ihn mit einem Picknick verbindet und danach auf Muschelsuche geht (▶ S. 75).
Souillac

SEHENSWERTES

Riambel

Der Strand von Riambel gehört sicher zu den schönsten der Insel. Der Sand ist einfach wunderschön und das Meer türkisfarben und warm (▶ S. 76).
2 km von Souillac

La Roche qui Pleure

Etwa einen halben Kilometer östlich von Le Gris Gris befindet sich der »weinende Fels«. Der Wind pfeift, die Wellen donnern

gegen die Felsen und es entstehen seltsame Geräusche – ein Jammern und Weinen (▸ S. 75).

2 km von Souillac

3 Rochester Falls
Der Fluss Rivière Savanna stürzt mit Getöse ca. 10 m in einen natürlichen Pool, in dem man sich herrlich erfrischen kann. Jugendliche springen von den Klippen – um Spaß zu haben und um die Touristen zu beeindrucken (▸ S. 78).

4 km von Souillac

ESSEN UND TRINKEN

4 Chez Rosy
Restaurant mit hervorragendem Essen und besten Preisen. Sehr schmackhaft sind die hausgemachten Currys (▸ S. 79).

Rue Savanne, Souillac

5 Le Rochester Restaurant
Am Fluss gelegenes Restaurant mit sehr gutem mauritischen Essen aus lokalem Anbau und sehr netter Bedienung (▸ S. 79).

Route Royale, Souillac

10

MERIAN Tipps

Mit MERIAN mehr erleben. Nehmen Sie teil am Leben der Insel und entdecken Sie Mauritius, wie es nur Einheimische kennen.

1 **Château Mon Désir** C 3/D 4
Seit vielen Jahren gibt es für die Mauritier nur ein einziges Restaurant, in dem sie sich treffen, um groß zu feiern. Ob Hochzeiten oder runde Geburtstage – es ist Tradition, ins Mon Désir einzuladen. Das Restaurant gehört zum Hotel Maritim (▶ S. 61) in der Bucht Baie aux Tortues an der Nordwestküste und hat seinen guten Ruf zu

Recht: Der Service ist perfekt, das Essen Spitzenklasse. Das Angebot der Speisen ist erfreulich überschaubar und wechselt des Öfteren. Es ist unmöglich, nur eines der vielen Gerichte besonders zu empfehlen.
Maritim Hotel, Baie aux Tortues • Tel. 2 04 10 00 • www.chateaumondesir. mu • Di–Sa ab 19, Sa, So Tea Time 15–17.30, So Brunch 11–14 Uhr • €€€

2 Shopping am Strand

Alle Strände rund um die Hotels sind fest in der Hand fliegender Händler. Der absolute Renner bei den Urlauberinnen sind Sarongs in teilweise sehr schönen Farben und mit typisch mauritischen Motiven. Klar, dass Sie handeln dürfen! Die Händler erwarten es sogar. Sarongs kosten beispielsweise selten über 15 €. Lassen Sie sich auch die Tischdecken zeigen: Ein paar herrliche Exemplare sind meistens in den großen Taschen der Händler vergraben. Achtung: Aus hygienischen Gründen sollten Sie geschälte Ananas oder aufgeschnittene Melonen nur kaufen, wenn das Obst direkt vor Ihren Augen zubereitet wird.

3 Mon Choisy   D 3

Ein Ausflug in das pure mauritische Leben: An den Wochenenden treffen sich an dem langen öffentlichen Strand die Einheimischen zum Grillen, zum Feiern und zum Vergnügen. Hier können Kinder spielen, Sandburgen bauen oder herumtoben, verliebte Paare den herrlichen Sonnenuntergang während eines Spaziergangs genießen. Einrichtungen für Segler, Surfer und Wasserskifahrer sind vorhanden. Wer wie die Mauritier ein kleines Picknick machen möchte, kann sich auch spontan in dem kleinen Supermarkt von Mon Choisy mit einigen Lebensmitteln versorgen.

4 Naschen zum Nulltarif

Kostenlos und köstlich für Kinder und die Erwachsenen: In der Zeit, in der das Zuckerrohr geerntet wird, also etwa von Juni bis Juli, darf sich jeder etwas von den Feldern holen.

Wenn Sie mit einem Taxi unterwegs sind, bitten Sie doch den Fahrer einmal anzuhalten, damit Sie eine Stange ernten können. Es ist nicht ganz einfach, das bis zu 2 m hohe Zuckerrohr abzubrechen.

Wenn Sie es geschafft haben, schneiden Sie die Stange in kleine Stücke und entfernen Sie die dunkle Schale. Zurück bleibt das gelbe faserige Fleisch, an dem man lutscht wie an einem Lolly. Der Saft ist herrlich süß.

5 Père-Laval-Tag   D 4

Vielleicht nicht der optisch spektakulärste Feiertag auf Mauritius, aber sicherlich der beeindruckendste, denn er spiegelt die Toleranz und das Miteinander der Einheimischen wider: Der Père-Laval-Tag ist ein Festtag, den alle Menschen auf Mauritius begehen. Immer am 9. September, dem Todestag des Menschenheilers, versammeln sich die Gläubigen mit

Fackeln in Sainte-Croix, einem Vorort von Port Louis. Am Grab des französischen Missionars erbitten sie Hilfe und Heilung. Père Laval lebte von 1803 bis 1864. Er wurde 1979 von Papst Johannes Paul II. heiliggesprochen.

Sainte-Croix, Port Louis

 ### First Restaurant

▶ Klappe hinten, c 2

Kennen Sie Dim Sum? Diese köstlichen kleinen Vorspeisen der chinesischen Küche? Im First Restaurant im Herzen der Chinatown von Port Louis gibt es die kulinarischen Wunderwerke, in Teig gehüllte Krabben z. B., immer sonntags ab 11.30 Uhr. Die gedämpften oder frittierten Häppchen erwecken zwar selten den Eindruck, dass man mit ihnen nur annähernd seinen Hunger stillen könnte, doch überraschenderweise sind sie sehr sättigend. Außer-

dem werden Traditionelles wie z. B. Peking Ente und Gerichte aus südostasiatischen Ländern serviert.

1st Floor, Ecke Rue Royale/Rue la Corderie, Port Louis • Tel. 2 12 06 85 • Di–So 11–14 und 18–22 Uhr • €€€

 ### Marché Central

▶ Klappe hinten, b 2

Wenn Sie diesen Markt betreten, werden alle Sinne aktiviert: die Augen von den vielen Farben der verschiedenen Obst- und Gemüsesorten, die Ohren vom Stimmengewirr, die Nase von den wunderbaren Gerüchen der Gewürze. Die Decke hängt voller handgearbeiteter Körbe. Mit einem Wort: Die Atmosphäre ist einfach fantastisch! Versuchen Sie aber nicht, sich irgendwie zurechtfinden zu wollen. Lassen Sie sich einfach treiben und genießen Sie. Bevor Sie den Markt wieder verlassen, sollten Sie unbedingt »gateau moutaille«

probieren, eine köstliche Süßigkeit indischen Ursprungs.

Rue Farquhar/Rue de la Reine, Port Louis • Mo–Sa 6–18 Uhr

8 Paul und Virginie   ▶ S. 85, c 2

Überall begegnet man ihm auf Mauritius – dem tragischen Liebespaar Paul und Virginie. Jedes Kind kennt seine Geschichte, Restaurants und Bars werden nach den beiden Unglücklichen benannt. Die Geschichte von Paul und Virginie ist aber nicht nur eine Liebesgeschichte, die auf Mauritius spielt. Sie war zu ihrer Zeit – der Roman von Jacques-Henri Bernardin de Saint-Pierre erschien 1788 in Frankreich – auch eine Anklage an Sklaverei und Klassengesellschaft. Dem Autor brachte sein Roman viel Ruhm und die Anerkennung des Kreises der großen französischen Schriftsteller, wie beispielsweise Jean-Jacques Rousseau. Der Insel brachte er wunderschöne Denkmäler, wie das in Curepipe (und ein weiteres in Port Louis), und klangvolle Ortsnamen wie Cap Malheureux, das »Unglückskap«, weil Virginie hier in der Geschichte bei einem Schiffsuntergang ums Leben kam. In der Baie Tombeau, der »Grabesbucht«, soll ihr Körper an Land gespült worden sein.

Hôtel de Ville, Curepipe

9 Modellschiffe aus Curepipe   ▶ S. 85, c 3

Curepipe ist in den letzten Jahren eine Art Zentrum der Modellschiffbauer geworden. Teilweise sitzen die Handwerker auf den Straßen und arbeiten. Sie sollten aber nie sofort zugreifen, sondern verglei-

chen Sie erst einmal; Qualität und Preise sind sehr unterschiedlich. Eine der ältesten Fabrikationen, Comajora, liegt etwas außerhalb des Zentrums von Curepipe. Bei den Schiffen, die hier angeboten werden, stimmen Preis und Qualität; es geht absolut seriös zu. Besichtigung möglich.

Route de la Brasserie, Curepipe • Mo–Fr 9–16, Sa 9–12 Uhr

10 Grand Bassin   C 7

Ein kleines Stück Indien auf Mauritius: Das Wasser dieses Sees ist für Hindus heilig – so heilig wie das des Ganges. Der Legende nach besuchte der Hindu-Gott Shiva einmal die Insel. Sozusagen im Gepäck hatte er einen Teil des Ganges, um Indien vor Überschwemmungen zu bewahren. Bei der etwas ruppigen Landung seines aus Blumen gefertigten Luftschiffes schwappten einige Tropfen über und flossen in einem erloschenen Vulkan zusammen. Oberhalb des Sees blitzt das goldene Dach eines Tempels.

3 km südwestl. von Le Pétrin

Hier muss man einfach ins Schwärmen geraten: Strand,
so weit das Auge reicht, am La Pirogue Hotel an der Bucht
von Tamarin (▶ S. 95) im Inselwesten.

Zu Gast auf **Mauritius**

Wohnen im Luxushotel oder im Bungalow, kreolische und internationale Küche, Shopping im Einkaufscenter oder am Strand, Sport und Kultur machen Mauritius so abwechslungsreich.

Übernachten

Mauritius ist eine exklusive Insel. Die Übernachtungs-
möglichkeiten sind dennoch vielfältig, auch wenn ein Großteil der Hotels deutlich über Mittelklassestandard liegt.

◄ Urlaubsträume von Palmen, Sand und blauem Meer werden im Hotel One & Only Le Saint Géran (▶ S. 69) wahr.

Bis 1950 machten die Fluglinien auf Mauritius lediglich einen Zwischenstopp, um die Maschinen zu warten und aufzutanken. Dann blieben erstmalig einige Passagiere auf der Insel, um eine Woche lang in der tropischen Natur auszuspannen. Zu diesem Zeitpunkt gab es auf Mauritius weder Hotels, noch Pensionen oder gar Apartments. Es sollten noch weitere 20 Jahre ins Land ziehen, bis die Inselregierung beschloss, durch aktives Marketing Feriengäste aus aller Welt für die Insel zu begeistern.

Erste Luxusherbergen

Mitte der 1970er-Jahre hatte man auf Mauritius bereits knapp 30 Hotels fertiggestellt, die rund 3000 Touristen eine Übernachtungsmöglichkeit mit viel Luxus und Annehmlichkeiten boten. Das gezielte Marketing und das Angebot im gehobenen Hotelsegment zeigte schnell Wirkung: Bereits Ende der 1970er-Jahre kamen 100 000 Feriengäste auf die Maskareneninsel! Knapp zehn Jahre später erlebte die Baukonjunktur einen enormen Aufschwung. Vor allem im Norden der Insel wurden viele Hotels errichtet, dann folgten der Osten und die Mitte der Insel mit der Hauptstadt Port Louis. Insgesamt entstanden in den Jahren an die 100 Häuser – die meisten davon im Luxussegment oder in der gehobenen Mittelklasse. Vor allem in den **Luxusherbergen** trifft man immer wieder auf diverse bekannte Persönlichkeiten aus dem öffentlichen Leben, seien es Filmstars, Politiker oder Schriftsteller. Der Süden von Mauritius wurde al-

lerdings vom Bauboom nur gestreift. Nach wie vor gibt es hier deutlich weniger Unterkünfte.

Neben den Hotels entstanden, vor allem in den letzten Jahren, auch diverse **Apartment- und Villenanlagen**, die nicht weniger Luxus bieten. Wer ein Apartment oder eine Villa bucht, muss sich nicht unbedingt selbst in die Küche stellen. Man kann sich auch einen Butler, ein Hausmädchen oder einen Koch dazu buchen. Wer es ganz anders haben möchte, ein bisschen in die mauritische Welt eintauchen will, kann heutzutage ein kleines Gästehaus oder ein Zimmer in einer **Pension mit Familienanschluss** buchen. Diese Unterkünfte liegen allerdings nur selten direkt am Strand. Die meisten befinden sich im Inselinneren, manchmal auch an den Steilküsten. Der Vorteil: Sie sind deutlich preiswerter als ein Hotelurlaub. Und man lernt die Herzlichkeit und Gastfreundschaft der Mauritier hautnah kennen. Aber bei allen neuen Möglichkeiten sind Ferien auf der tropischen Insel dennoch kein preiswertes Vergnügen.

Derzeit kommen jährlich ca. 1 Mio. Touristen nach Mauritius, davon sind nur ca. 6 % aus Deutschland. Das ehrgeizige Ziel der Regierung, die Besucherzahlen auf jährlich 2 Mio. zu erhöhen, ist bisher nicht gelungen – zur Freude der Feriengäste, die immer wieder gern hierher zurückkommen. Niemand möchte auf Mauritius einen Massentourismus à la Balearen. Man schätzt die qualitativ hochwertigen Angebote, vor allem die der Hotels, die aufgrund der Bauvorschriften, die Höhe der umliegenden Baumwipfel nicht überschreiten dürfen. Betonklötze mit Tausenden von Betten werden Sie auf Mauritius nicht finden. Aber die Gäste schätzen auch die Freundlichkeit der Menschen, die immer ein offenes Ohr und ein Lächeln für ihre Gäste haben. Denn eines steht fest: Nirgendwo bekommen Sie so viel freundlichen, zuvorkommenden Service für Ihr Geld, dazu hervorragendes Essen und Wassersportangebote vom Feinsten (die häufig im Hotelpreis enthalten sind).

Unterkunft und Service

Ein Großteil der Hotels steht an den schönsten Küstenstreifen im Norden, Osten und Westen der Insel. Sie liegen meist an Stränden – direkt vor der Haustür können Sie Ihre Füße in den warmen weißen Sand stecken, das türkisfarbene, seichte Wasser sehen und die kleinen Wellen schwappen hören. Die Häuser bieten Wassersport, einige auch Tenniscourts und einen Golfplatz. Wer etwas von der Insel sehen möchte, kann an von den Hotels organisierten Touren teilnehmen oder sich ein Fahrrad mieten.

Zu den absoluten Spitzenhotels zählen z. B. das Royal Palm (▸ S. 61) in Grand Baie im Norden und das Le Touessrok (▸ S. 69) sowie das The Residence (▸ S. 69) im Osten. Deren Service dürfte an Perfektion kaum zu übertreffen sein. Nach und nach etablieren sich auch im Süden einige Häuser, die ebenso viel Luxus und Ambiente bieten. Dazu gehören beispielsweise das Le Telfair Golf & Spa Resort, das Outrigger Resort & Spa sowie das Sofitel So Mauritius.

Auch die zahlreichen Mittelklassehotels der Insel bieten allesamt einen sehr guten Service mit derselben Höflichkeit und Gastfreundschaft. Der Unterschied zu den Fünf-Sterne-Häusern besteht nicht selten lediglich in der Größe der Zimmer und in der Vielfältigkeit der Sport-

Die sechs »Deluxe Suiten« des Hotels Constance Belle Mare Plage (▸ S. 69) lassen keine Wünsche offen: 96 m², separates Wohnzimmer und Balkon mit Meerblick.

angebote. In allen Hotels der Ober- und auch Mittelklasse wird sehr viel Wert darauf gelegt, dass die Gäste in angemessener Kleidung zum Essen erscheinen. Gäste mit beispielsweise freiem Oberkörper am Mittagstisch werden Sie nicht finden. Auch zum Abendessen kleidet man sich in der Regel schick und modern-elegant.

Eleganz und Lässigkeit

Eine ganz andere Welt lernt man kennen, wenn man sich in der Hauptstadt Port Louis oder in Curepipe in einem der Stadthotels einbucht. Hier residieren nur selten Touristen. Meist sind es Geschäftsleute, die nur wenige Tage bleiben. In diesen Häusern tauchen Sie ebenso in das wahre Leben der Mauritier ein. Aufgrund der wachsenden Wirtschaft entstanden auch in den Städten einige gute Häuser, zu denen beispielsweise das Labourdonnais Waterfront (▸ S. 50) und das Le Suffren Hotel in Port Louis zählen. In Curepipe wäre das Curepipe Hotel zu nennen, das sogar einen kleinen Pool bietet. Für einen Badeurlaub sind all diese Hotels sicherlich weniger geeignet. Dafür kann man von hier gut das Stadtleben erkunden, typische Märkte besuchen oder zu spannenden Touren aufbrechen. In den Städten sollten Sie abends und nachts allerdings nur in Begleitung unterwegs sein! Sollten Sie beabsichtigen, Ihren Aufenthalt nicht nur am Strand und am Wasser zu verbringen, sondern auch ein paar Touren über die Insel einzuplanen, bietet es sich an, mehrere unterschiedliche Unterkünfte zu buchen. Besonders empfehlenswert ist es, wenn man in eine solche Planung sowohl den Norden und Osten mit ihren wunderschönen Stränden und gut ausgebauten touristischen Angeboten als auch den wilderen Süden und Südwesten mit ihren Steilküsten und ihrer bewahrten Ursprünglichkeit einbezieht.

Wer einen sportlichen Urlaub bevorzugt, ist am besten im Norden aufgehoben. Hier gibt es die meisten qualitativ hochwertigen Hotels, die das größte Angebot haben. Sie sind zwar auch teurer, aber dafür sind viele Sportangebote im Preis inbegriffen. In den Mittelklassehotels hingegen sind diese Angebote meist kostenpflichtig. Hier gilt es also, zu vergleichen und zu rechnen.

Aber egal, welches Hotel Sie buchen, in welcher Bungalowanlage Sie sich einquartieren: Überall werden Sie liebenswerte Menschen treffen und einen exzellenten Service genießen. Die Mauritier sind fröhlich, hilfsbereit wie kaum jemand, und sie haben offensichtlich Spaß an ihrer Arbeit mit den Urlaubern.

Am preiswertesten ist es, wenn Sie Ihre Mauritius-Reise pauschal buchen. Wenn Sie Flug und Hotel separat nach Ihrer eigenen Lust und Laune organisieren, kann es bis zu 30 % teurer werden. Dafür sind Sie deutlich flexibler. Mittlerweile ist auch das Umbuchen eines Fluges relativ einfach und beispielsweise eine Verlängerung unkompliziert machbar. Dann fallen lediglich Umbuchungsgebühren an.

Empfehlenswerte Hotels und andere Unterkünfte finden Sie bei den Orten im Kapitel ▸ **Unterwegs auf Mauritius.**

Preise für ein Doppelzimmer mit Frühstück:

| €€€€ ab 225 € | €€€ ab 150 € |
| €€ ab 100 € | € bis 100 € |

Essen und Trinken

Ob indische, kreolische oder europäische Küche, hier wird jeder zum Schlemmen verführt. Vor allem die tropischen Früchte sowie frischer Fisch begeistern den Gourmet.

◄ Im Einkaufszentrum Le Caudan Waterfront (► MERIAN TopTen, S. 46, 53) findet man gute internationale Restaurants.

Alle Gerichte der mauritischen Küche haben ihren Ursprung entweder in der chinesischen, der kreolischen, der französischen oder der indischen Küche. Nach und nach hat sich aus den traditionellen landestypischen Gerichten die mauritische Küche entwickelt, als die Köche begannen, ursprüngliche Rezepte mit einheimischen Gewürzen zu verfeinern.

Frühstück für Genießer

Ein Tag auf Mauritius beginnt schon am Morgen mit wahren Köstlichkeiten: z. B. mit wunderbaren **tropischen Früchten** wie Ananas, Mango und Papaya, die sozusagen vor der Hoteltür wachsen. Dazu oder auch hinterher gibt es guten Kaffee oder Tee, der ebenfalls direkt von der Insel stammt. In den meisten Hotels bekommen Sie außerdem selbst gebackene Brötchen oder, noch besser, frische, warme Croissants. Natürlich haben sich die Hotels auf die Essgewohnheiten ihrer Gäste eingestellt, sodass weder die Engländer auf ihren Porridge noch die deutschen Besucher auf Marmelade oder Wurst und Käse verzichten müssen. Doch angesichts der vielen einheimischen Köstlichkeiten sind derartige Angebote ziemlich uninteressant. Die hat man schließlich zu Hause jeden Tag. Dass in den Hotels **Tee** und **Kaffee** serviert wird, ist mittlerweile selbstverständlich. Aber wussten Sie, dass die Pflanzen für diese beiden Lieblingsgetränke der Touristen auch auf der Insel angebaut werden? Vor allem im Inselinneren und im Süden können Sie Tee- und Kaffeeplantagen

entdecken. Interessant daran: Bei Mauritiern ist der Genuss von Kaffee unüblich – französischstämmige Bewohner trinken hin und wieder eine Tasse. Der Großteil der Bevölkerung genießt Tee. Indischstämmige lieben ihn mit viel Zucker und Milch, der Rest trinkt ihn schwarz.
Der beste mauritische Kaffee kommt aus Chamarel (► S. 82). Er schmeckt kräftig und würzig, und man bekommt ihn in unterschiedlichen Röstgraden. Tees gibt es schwarz, aromatisiert und als Gewürztees. Weit verbreitet und auch für Kinder geeignet ist der Zitronengrastee.

 MERIAN Tipp

CHÂTEAU MON DÉSIR   C 3/D 4
Für Mauritier ein Ort für große Feste und Familienfeiern, für Touristen ein Restaurant, um bestens zu speisen: Im Mon Désir in der Bucht Baie aux Tortues sind perfekter Service und köstliche, immer wieder wechselnde Gerichte selbstverständlich.   ► S. 14

Mauritischer Mittagssnack

Wenn mittags die Sonne heiß vom Himmel brennt, schmecken Kleinigkeiten am besten. Die holt man sich gerne von den fliegenden Händlern und Köchen, die am Straßenrand auf Kundschaft warten. Probieren Sie die »dholl purées«: Crêpes, die mit verschiedensten indischen Füllungen angeboten werden. Die dünnen Pfannkuchen werden zu einer Tüte gerollt, z. B. mit scharfem Fisch-Curry gefüllt. Hervorragend sind auch die knusprigen Baguettes mit Huhn oder die mit Gemüse, Fisch oder Fleisch gefüllten und in Öl ausgebratenen

Blätterteigtaschen in verschiedensten Formen: Mal sind es kleine Dreiecke, mal Kugeln. Wenn Sie mögen, sollten Sie sie in scharfe Chilisoße dippen. Aber Vorsicht: Sie ist höllisch scharf!

Mauritisches National-gericht: Curry

Fast ein mauritisches Nationalgericht ist **Curry**. Die Einheimischen lieben es, am Abend mit der Familie ein Curry zu essen. »Cari« heißt eigentlich nur »Soße«. Es ist aber weitaus mehr: ein wunderbarer Eintopf mit Kartoffeln, Huhn, Rind, Fisch oder, die teure Variante, mit Hummer. Wichtig sind vor allem die Gewürze wie Ingwer, Kardamom, Koriander und Pfeffer. Zu den Currys gibt es traditionell – ebenfalls ein wichtiges Nahrungsmittel auf der Insel – Reis. Dem Kochwasser fügen die Mauritier Safranfäden hinzu, die den Reis gelblich färben und ihm den typischen Geschmack verleihen.

Ebenso wichtig wie Curry und Reis ist die »pomme d'amour«, der »Liebesapfel« – auf gut Deutsch: die Tomate. Die aromatischen roten Früchte werden vor allem für die »rougaille« benötigt, eine Tomatensoße, die sowohl zum allseits beliebten Huhn als auch zu Fleisch oder Fisch passt.

Bei der Wahl eines Restaurants werden Sie es schwer haben: chinesisch, indisch oder europäisch? Inzwischen gibt es sogar hervorragende japanische Restaurants. Und natürlich italienische. Deutsche Restaurants hingegen werden Sie vergeblich suchen. Es ist aber auch nicht eben leicht, echte kreolische Gerichte auf einer Speisekarte zu entdecken, denn bei den Einheimischen ist es einfach nicht üblich, abends in ein Restaurant zu gehen.

Wer sich etwas Besonderes gönnen möchte, eine weitere Inselspezialität, probiert den »Salat der Millionäre«, den »salade des millionnaires«. Sie müssen zwar nicht unbedingt zu diesen privilegierten Zeitgenossen zählen, um sich den Palmenherzensalat zu bestellen – aber hilfreich ist es schon. Er ist enorm teuer, und das zu Recht. Um ihn herzustellen, müssen Palmen gefällt werden, die mindestens sieben Jahre alt sind!

Wer gern **Fisch** isst, wird auf Mauritius ins Schwärmen geraten. Er ist sehr viel preiswerter als Fleisch, das teilweise eingeführt werden muss. Die besten Speisefische sind Bonito, Dorade, Makrele und Thunfisch. Wer die Möglichkeit hat, selbst zu kochen, sollte sich auf dem Markt ein frisches Exemplar nach seinem Geschmack aussuchen. Die Fische werden morgens gefangen, vom Händler auf Wunsch ausgenommen und fix und fertig für die Pfanne präpariert.

Süße tropische Früchte

Etwas Besonderes ist auch das **Obst** auf Mauritius. Natürlich sind unsere Gaumen an den Geschmack von Ananas, Mango & Co. gewöhnt. Aber dennoch ist das Obst auf Mauritius geschmackvoller und süßer: eine echte Gaumenfreude! Viel Spaß macht es, wenn man sich das frische Obst auf einem der Märkte der Insel kauft. Besonders köstlich sind übrigens die Passionsfrüchte.

Mauritischer Rum: ein köstliches Getränk

Bier oder Wein, Wasser oder Rum? An Getränken werden auf Mauritius alle bekannten Limonaden und Mineralwasser serviert. Sehr zu emp-

Mit einfachen Mitteln und einer Vielfalt einheimischer Kräuter und Gewürze entstehen die mauritischen Currys. Sie werden mit Reis und scharfer »sauce créole« serviert.

fehlen sind aber auch die einheimischen Biersorten. Bereits seit 1963 wird auf Mauritius gebraut. Phoenix heißt das **Bier**, das am häufigsten getrunken wird, entweder aus der Flasche oder frisch gezapft vom Fass. Außerdem gibt es u. a. die ausländischen Biersorten Stella Artois und Guinness. Wer sich eher zu den Weintrinkern zählt, findet eine reiche Auswahl an sehr guten südafrikanischen Weinen. Unbedingt probierenswert sind der mauritische **Rum** und die Rum-Cocktails. Der

edelste unter den bekannten Marken ist der Old Mill Rum, der zehn Jahre in Eichenfässern lagert, bevor er verkauft wird. Weitere begehrte Sorten sind der Rum of Mauritius und der Green Island Rum.

Empfehlenswerte Restaurants finden Sie bei den Orten im Kapitel ▸ **Unterwegs auf Mauritius.**

Preise für ein dreigängiges Menü:

| €€€€ | ab 60 € | €€€ | ab 40 € |
| €€ | ab 30 € | € | bis 30 € |

Einkaufen

Mit seinen edlen Boutiquen, feinsten Schmuckgeschäften und
bunten Märkten gleicht Mauritius einem Einkaufsparadies.
Einkaufszentren und Fabrikverkäufe runden das Angebot ab.

◄ In Curepipe werden Modellschiffe (► MERIAN Tipp, S. 17) nach historischen Bauplänen zusammengesetzt.

Mode, Schmuck oder Modellschiffe: Sie haben die Wahl. Und zum herrlichen Shoppingspaß kommt auf Mauritius noch der überaus freundliche und zuvorkommende Service. Es ist vollkommen egal, ob Sie für Ihr Mittagessen auf einem Markt oder beim fliegenden Händler einkaufen, ob Sie sich auf der Suche nach schicken Klamotten in kleinen Boutiquen umschauen oder in den großen und edlen Geschäften des Einkaufszentrums in der Hauptstadt Port Louis, des Le Caudan Waterfront, inspirieren lassen: Einkaufen macht auf Mauritius richtig Spaß.

Preiswerte Designerware

Unbedingt lohnenswert ist es, sich auf der Insel nach Blusen, Hemden, Polohemden und Strickpullis umzuschauen. Die **Textilindustrie** ist neben dem Tourismus und dem Zuckerrohranbau einer der wichtigsten Wirtschaftszweige der Insel. Viele dieser Kleidungsstücke sind teilweise bis zu 20 % preiswerter als in Deutschland. Vergleichen lohnt aber in jedem Fall: Nicht in jedem Factory Shop in Phoenix, Curepipe, Port Louis oder Quatre Bornes sind die Sachen unbedingt preiswerter als auf den Märkten. Besonders schön ist es aber, in den Boutiquen einzukaufen. Die Preise sind selten höher als in den Factory Stores, dafür ist der Service besser, die Atmosphäre ruhiger. Vor allem in Grand Baie oder direkt in Port Louis lohnt sich eine Shoppingtour nach einem Strandtag. Für edle Kaschmirpullover zahlen Sie rund 150 €, Strickjacken kosten etwa

120 €, und Polohemden verschiedener Designer sind circa 20 % preiswerter als in Deutschland zu haben. Aber Vorsicht: Der Label-Klau ist, vor allem bei Polohemden, auch auf Mauritius allgegenwärtig. Überprüfen Sie unbedingt die Embleme und Schriftzüge der Hemden! Preisgünstig können verschiedene Kleidungsstücke auch auf dem Markt von Port Louis gekauft werden.

 MERIAN Tipp

SHOPPING AM STRAND

Alle Strände rund um die Hotels sind fest in der Hand fliegender Händler. Der absolute Renner sind Sarongs in teilweise schönen Farben und mit typisch mauritischen Motiven. Wichtig: Handeln Sie mit den Verkäufern! Das macht nicht nur Spaß. Die Verkäufer erwarten es sogar nahezu.   ► S. 15

Das Einkaufszentrum **Le Caudan Waterfront** ⭐ haben die Mauritier innerhalb weniger Jahre erbaut. Und es ist noch immer ihr ganzer Stolz. Die moderne, architektonisch fast europäische Anlage ist unbedingt sehenswert. Die dort angesiedelten Geschäfte und Boutiquen lassen kaum Wünsche offen: Goldschmuck, Brillanten, Kleidung für Kinder und Erwachsene – es gibt einfach alles. Hier haben Besucher und Mauritier ein gemeinsames Interesse: Schaufensterbummeln und Shopping. Achtung: Viele der Geschäfte haben den für Käufer schon beinah magischen Aufkleber »Duty-free« an der Tür oder am Schaufenster kleben. Lassen Sie sich aber nicht dazu hinreißen, den Preisen blind zu vertrauen.

Die Aufkleber sind eine gute Werbung, haben im Grunde aber nichts zu bedeuten. Die Ware, die dort angeboten wird, ist nicht zwangsläufig wirklich preiswerter – das gilt ebenfalls für alle Märkte auf Mauritius.

Diamanten, Schmuck und Uhren

Diamanten, Perlen, Schmuck und Uhren – Dinge, die man vielleicht nicht braucht, die aber die Seele streicheln, erhält man auf Mauritius zollfrei. Das macht sich deutlich im Portemonnaie bemerkbar.

Natürlich ist Edles auch dort teuer, aber im Verhältnis zu Europa noch immer preiswerter. Die Diamanten werden beispielsweise als rohe Steine zollfrei importiert, auf der Insel weiterverarbeitet und hauptsächlich an Besucher verkauft. Erhältlich sind auch Armbanduhren renommierter Hersteller wie Cartier oder Piaget.

Wer sich ein paar ganz besondere und lang anhaltende Erinnerungen von Mauritius mitnehmen möchte, sollte sich ein Fläschchen oder ein Tongefäß mit einem Extrakt der Blüte des Ylang-Ylang-Baumes mit nach Hause nehmen. Dieser verbreitet im heimischen Wohnzimmer noch lange den wunderbaren Duft der Blüten und erinnert einen an die Tropeninsel.

Besonders beliebt bei den Besuchern der Insel sind die **Modellschiffe**. Sie werden liebevoll aus Holz hergestellt und zählen daher nicht zu den billigsten Mitbringseln. Für eines der kleineren Schiffe, eine Piroge beispielsweise, zahlt man um die 140 €. Für die großen und arbeitsaufwendigen Segler muss man schon mal mit 2500 bis 5000 € rechnen.

Schön sind auch die zahlreichen Bücher und Bildbände über Mauritius.

Preiswert einkaufen kann man auf den vielen **Märkten**. Ob frisches Gemüse, Fisch, handgearbeitete Einkaufskörbe, Kleidung oder Seidenstoffe aus China, Indien oder Pakistan – hier ist das Angebot geradezu überwältigend. Kleidung kaufen Sie am besten samstags auf dem **Markt in Quatre Bornes** ☆. Es ist der Einkaufsort der Mauritier, wenn sie sich mal wieder ein neues Hemd, eine neue Jacke oder einfach nur ein paar Socken kaufen – oder sich auch nur mit Freunden treffen wollen.

Köstliches aus Zucker

Zu den bekanntesten Getränken auf Mauritius zählen der **Zuckerrohrlikör** und der Rum. Buchstäblich in aller Munde ist der Zuckerrohrlikör der Marke Goodwill. Über 1 Mio. Kisten werden auf Mauritius jährlich verkauft. Auf dem zweiten Platz der Beliebtheitsskala steht der Power's No1. Vom gleichen Hersteller stammt auch der berühmte Green Island Rum. Letzteren erhalten Sie in allen großen Geschäften sowie in den Duty-free-Shops und am Flughafen.

Kreative Souvenirs

Auch wer in Sachen Malerei etwas Landestypisches von der Insel mit nach Hause bringen möchte, hat eine Riesenauswahl. **Kunst** und **Kunsthandwerk** besitzen noch heute auf der Insel einen relativ hohen Stellenwert. Dabei hatte Mauritius nie eine Kunstakademie. Nur wenige der Künstler, die die Insel hervorgebracht hat, konnten in anderen Ländern studieren. Die meisten sind auch heute noch Autodidakten. Mauritier interpretieren nicht, wenn sie malen. Sie malen, was sie sehen – nicht mehr und nicht weniger. Heute benutzen die Künstler mehr und mehr Acryl- statt der früher üblichen Wasserfarben. Die berühmtesten Maler von Mauritius, Malcolm de Chazal und Hervé Masson, sind mittlerweile verstorben. Chazals naive Malereien von Blumen, Fischen oder Vögeln finden sich aber immer noch überall auf der Insel: Sie schmücken Aschenbecher, Tassen, T-Shirts und mehr.

Henry Coombes ist der bekannteste zeitgenössische Künstler. Er betreibt als Einziger eine eigene Galerie: an der Hauptstraße von Grand Baie, der Route Royale. Die Werke des 1948 Geborenen sind etwas differenzierter und sprechen eher eine jüngere Generation an.

Andere Künstler stellen zumeist in einer der Galerien von Hélène de Senneville aus. Seit Langem unterstützt und ermutigt sie die mauritischen Künstler. 1987 eröffnete die Protagonistin ihre erste Galerie,

heute sind es bereits drei – in Grand Baie, Port Louis und Curepipe.

Zu den beliebten Mitbringseln gehören auch Arbeiten der zahlreichen Kunsthandwerker der Insel. Überall, auf den Märkten und in den Hotels, finden Sie schöne Korbwaren und bunte Taschen aus Palmstroh, Seidenmalereien oder Stickereien. Faszinierend sind auch die von Hand angefertigten Tischdecken. Sogar Liebhaber von Masken kommen auf Mauritius auf ihre Kosten. Kleinen Kindern kann man sicherlich immer mit den Dodos aus Plüsch eine Freude machen. Sie sind in jedweder Größe zu haben. Für die Eltern gibt es den ausgestorbenen Vogel dann auf einer Obstschale oder als Goldmünze.

Empfehlenswerte Geschäfte und Märkte finden Sie bei den Orten im Kapitel
▶ **Unterwegs auf Mauritius.**

Auch an den zahlreichen Stränden bieten fliegende Händler ihre Waren an. Erzeugnisse aus der heimischen Textilindustrie sind ein fester Bestandteil des Sortiments.

Sport und Strände

Mauritius ist ein Paradies für Sonnenanbeter und Sport-
begeisterte. Kaum ein Wassersport, der nicht angeboten
wird, kaum ein Trendsport, den man nicht lernen kann.

◄ Parasailing, hier mit Blick auf den Lion Mountain (▶ S. 93): Diese Sportart ist auf Mauritius sehr beliebt.

Ob Anfänger, Fortgeschrittener oder Könner: Auf Mauritius kann wirklich jeder Wassersport betreiben – ganz egal, ob es ums Segeln, Surfen, Tauchen oder Wasserskifahren geht. Sportliche Aktivitäten ohne Wind und Wasser sind auf Mauritius natürlich ebenfalls möglich. Fast jede Hotelanlage verfügt heute über eigene Tennis- oder auch Golfplätze. Einige wenige Unterkünfte vermieten darüber hinaus Mountainbikes und sogar Pferde.

FAHRRAD FAHREN
Vor allem der Norden der Insel eignet sich gut fürs Fahrradfahren. Er ist nicht sehr hügelig, und es gibt viele kleine Straßen mit weniger Verkehr. Trainierte Fahrer werden viel Freude im Süden von Mauritius haben: Die Landschaft ist toll und teilweise sehr gebirgig.

GOLF
Viele Hotels haben Golfplätze mit 9 oder 18 Löchern. Zu den beliebtesten gehören die Plätze vom Belle Mare Plage, Saint-Géran, Troux aux Biches und der vom Gymkhana Golf Club in Vacoas. Tipp: Nehmen Sie Golfbälle von zu Hause mit. Auch wenn das Equipment ausgeliehen werden kann, müssen Sie die Bälle fast immer kaufen!

HOCHSEEFISCHEN
Je nach Saison können Sie verschiedene Fische fangen – Marlin, Thunfisch, Bonitos, Barracuda. Touren können Sie in den großen Hotels oder Agenturen buchen.

La Pirogue
Big Game Fishing   B 6
Auf großen und kleinen Booten wird hier professionell geangelt.
La Pirogue Hotel, Wolmar, Flic en Flac • Tel. 4 53 80 54 • www.lapirogue biggame.com

KITESURFEN
Eine der spektakulärsten Sportarten mit einem extrem hohen Spaßfaktor. Rund um die Insel finden sich gute Möglichkeiten zum Kiten. Zu den besten gehört Le Morne im Südwesten. Wer die Sportart erlernen möchte, kann dies beispielsweise am Strand der Kuxville Bungalowanlage (▶ S. 58) am Cap Malheureux tun.

PARASAILING
Inzwischen wird dieser Sport fast überall angeboten. Seien Sie jedoch grundsätzlich vorsichtig, wenn Sie neue Horizonte testen: Sprechen Sie mit der Leitung Ihres Hotels, ob die Anbieter bekannt sind. Nicht alle sind seriös, nicht alle pflegen ihr Equipment ausreichend. Gefahrlos ist eine Buchung meist nur über das Hotel oder eine namhafte Agentur möglich.

Mauritius Attractions   D 3
Route Royale, Grand Baie • Tel. 2 69 03 33 • www.mauritiusattractions. com • 20 Min. ab 35 €

REITEN
Neben einigen Strandhotels bieten vor allem öffentliche Reitställe ihre Pferde für Ausritte an.

Centre Equestre de Riambel   C 8
Am Strand entlang galoppieren, ins Meer hineinreiten – ein Traum vieler Pferdefans. In Riambel im Süden

kann dieser für Anfänger und Fortgeschrittene wahr werden.
Riambel • Tel. 7 29 45 72 • www.centre equestrederiambel.com

Forbach Stables 👤👤   📖 E 4
Ob Longenstunden, Einzelunterricht oder Ausritte: Dieser gepflegte Reitstall ist ideal für Anfänger und Kinder. Equipment kann man ausleihen. Buchungen zwei Tage vorher.
Rivière du Rempart • Tel. 2 64 90 44 • www.horseridingmauritius.com

SCHNORCHELN

Da Mauritius – bis auf den Süden der Insel – von einem Korallengürtel umgeben ist, lässt es sich überall in seichtem Wasser herrlich schnorcheln. Wenn Sie Ihren Aufenthalt in einem Hotel gebucht haben, müssen Sie Ihr Equipment nicht einmal selbst mitbringen. Die meisten Hotels stellen ihren Gästen Taucherbrillen und Flossen zur Verfügung. Viele Häuser bieten sogar kleine Schnorchelkurse für Anfänger an und fahren die Gäste mit Motorbooten zu den interessantesten Stellen am Korallenriff.
Achtung: Unbedingt mit T-Shirt schnorcheln, da sonst ein recht schmerzhafter Sonnenbrand droht.
Zu den besonders schönen Schnorchelrevieren gehört die Blue Bay nahe des Flughafens südlich von Mahébourg (▶ S. 70). Hier steht ein Großteil des Gebietes unter Schutz, und die Flora und Fauna der Unterwasserwelt sind noch intakt.

SEGELN

Ob Sie auf eine große Tour gehen – mit alten Holzseglern, schnittigen Jachten oder den schnellen Katamaranen – oder nur mal einen Nachmittag lang aufs Meer wollen: Sie können die Schiffe mit oder ohne Mannschaft mieten.

IM NORDEN
Winward Islands   📖 D/E 2
Cap Malheureux • Tel. 0174/3 22 53 62 (Deutschland) • www.indian ocean-adventure.com

IM NORDWESTEN
Le Méridien Ile Maurice   📖 D 3
Village Hall Lane, Pointe aux Piments • Tel. 2 04 33 33 • www.lemeridien-mauritius. com

Passion Océane   📖 D 3
Touren mit Delfin-Beobachtungen. Route Royale, Grand Baie • Tel. 54 98 85 85 • www.passionoceane.com

TAUCHEN

Gehen Sie doch einfach ganz behutsam in den späten Nachmittagsstunden langsam ins Wasser, schon werden Sie rund um Ihre Beine kleine Fische sehen. Mit Taucherbrille und Schnorchel können Sie dann noch ein paar Korallen entdecken, die allerdings bis zum schützenden **Riff** häufig nicht mehr so schön sind. Richtig interessant wird's dann erst dahinter. Tauchen im Indischen Ozean ist ein Erlebnis. Haie gibt es rund um Mauritius nur in den richtig tiefen Gewässern. Bei Mahébourg und der Blue Bay soll sich schon mal der eine oder andere tatsächlich bis ans Riff herangewagt haben. Sieben Hai-Arten leben rund um Mauritius, darunter der Hammerhai und der Blauhai. Es kann Ihnen auch passieren, dass Sie unter Wasser Ihr zukünftiges Abendessen vorbeischwimmen sehen: Thunfische, Bonitos, Red Snappers, Sardinen und Heringe. Letztere sind einer der wichtigsten Exportartikel der Insel und die am häufigsten verzehrten Fische. Dank des schützenden Riffs rund um Mauritius finden Sie überall wundervolle farbenfrohe Riff-Fische. Einige sind allerdings ausgesprochen gefährlich. Der Steinfisch z. B. nimmt wie ein Chamäleon die Farben und Schattierungen der ihn umgebenen Steine und Korallen an, während er bewegungslos im Sand liegt – auf seinem Rücken sitzen fünf große giftige Stacheln. Ein Fehltritt kann hier tödlich sein.

Insgesamt gibt es an die 40 Tauchzentren auf Mauritius. Fast jedes Hotel bietet organisierte Tauchtouren, Leihausrüstung und Unterricht an.

ALLGEMEINE AUSKÜNFTE

Blue Safari Submarine   D 3
Le Pescatore Restaurant, Route Côtière, Trou aux Biches • Tel. 2 65 72 72 • www.blue-safari.com

Blues Diving Centre   F 5
Belle Mare Plage – The Resort, Belle Mare • Tel. 4 02 26 00 • www.bluesdiving.com

Easydive   D 4
Route Royale, Terre Rouge • Tel. 52 52 50 74 • www.easydivemauritius.info

Mauritius Underwater Group (MUG)   C 6
Mitglied in der Mauritian Scuba Diving Association (MSDA).
Railway Road, Phoenix • Tel. 6 96 53 68 • E-Mail: mug.diveclub@gmail.com

Orca Dive Club Merville   D 3
Merville-Beach Hotel, Grand Baie • Tel. 59 40 20 16 • www.orca-dive clubs.com

Punto Blue Diving Centre   B 6
Flic en Flac • Tel. 4 53 84 28 • www.punto-blue.com

Ideal für Anfänger und eine Freude für fortgeschrittene Segler: warmes, sauberes Wasser und gleichmäßiger Wind vor weißem Strand mit rauschenden Palmen.

Auch ohne Sauerstoffflasche lässt sich die Unterwasserwelt im **Glasboden-boot** oder beim Spaziergang im historischen Taucherhelm erleben.

TREKKING

Es gibt kaum Schöneres, als die tropische Landschaft zu erwandern.

Yanature

Yan bietet geführte Touren von anderthalb bis sieben Stunden.
Yanature • Tel. 7 85 6177 • www.
trekkingmauritius.com

STRÄNDE

Wundervoller weißer Sand, wenig Wellen, kaum spürbare Tidenunterschiede: Ein Badeurlaub auf Mauritius ist perfekt. Das Wasser ist herrlich türkis, warm und angenehm.
Die Farbe der Strände auf Mauritius reicht von Sonnengelb bis Schneeweiß, ihre Konsistenz von körnig bis pudrig. Wer lange Strandspaziergänge liebt, sollte sich ein Hotel im Osten suchen. Im Westen findet man häufig eher kleinere Buchten, an denen die Hotels liegen.

Viele Gäste tragen Badeschuhe, denn es wird nicht nur vor Seeigeln gewarnt, sondern das Wasser ist hin und wieder von schwarzen Lavabrocken durchzogen. Vorsehen müssen Sie sich in jedem Fall vor den Korallen. Vor allem beim **Schnorcheln**, wenn man abgelenkt ist durch die bunten Fische, kann es passieren, dass Sie gegen eine Koralle schwimmen. Diese Verletzungen sind nicht nur ausgesprochen schmerzhaft, sie heilen auch sehr schlecht.
Es lohnt sich überall, eine Taucherbrille und einen Schnorchel dabeizuhaben. Egal, ob Sie sich an einem der Hotelstrände oder an den öffentlichen Stränden aufhalten: Zu sehen gibt es immer etwas. Sie sollten zum

Der Strand von Mon Choisy (▶ MERIAN Tipp, S. 15) ist bei Einheimischen wie Touristen gleichermaßen beliebt – und dabei so lang, dass sicher kein Gedränge aufkommt.

Schnorcheln jedoch ein altes T-Shirt tragen. Nicht weil das Wasser zu kalt ist, sondern weil ohne bedeckten Rücken das zauberhafte Unterwassererlebnis von einem schmerzhaften Sonnenbrand abgelöst wird.

 Belle Mare Plage   F 5

Der Sand ist schneeweiß, das türkisfarbene Wasser schwappt leise. Nur weiter draußen bauen sich Wellen auf, die am Korallengürtel brechen und das Wasser weiß aufschäumen lassen.

Blue Bay   E 7

Eine hübsche kleine Bucht mit schneeweißem Sand und herrlich warmem Wasser im Süden der Insel.

Cap Malheureux   D/E 2

An der Nordspitze der Insel. Mehrere selten überfüllte Sandstrände mit Blick auf die Inseln Plate und Ronde.

Flic en Flac   B 6

Ein Strand für Wassersportler: Hier starten viele Hochseefischerboote.

Grand Baie   D 3

Der Ort bietet neben ausgiebigem Strandleben viele Geschäfte, Boutiquen, Restaurants und Nachtclubs.

Grande Pointe aux Piments   D 3

Breiter Sandstrand an der Nordwestküste, an dem man herrlich spazieren gehen kann.

Île aux Cerfs   F 5/6

Meist stark frequentierter Strand, der sich gut für Kinder eignet, da dieser Strandabschnitt sehr flach ist.

Lagune Le Morne   B 7

Geschlossene Lagune auf der Halbinsel Îlot du Morne.

 MERIAN Tipp

 MON CHOISY   D 3

Mauritisches Leben pur: Hier treffen sich Mauritier, um zu grillen, zu feiern und gemeinsam Spaß zu haben. Kinder spielen, toben im Sand und bauen Sandburgen. Und verliebte Paare genießen den Sonnenuntergang.   ▶ S. 15

Palmar   F 5

Breiter, feinsandiger Strand an der Ostküste bei Palmar.

Péreybère   D 2/3

Eine kleine Bucht im Norden mit klarem und tiefem Wasser.

Pointe aux Canonniers   D 3

Im Nordwesten. Hier liegt auch der Club Mediterranée.

Pointe d'Esny   F 7

An der Ostküste, südlich von Mahébourg gelegen. Feinsandig und relativ ruhig.

Poste la Fayette   F 4

Im Osten der Insel. Gute Möglichkeiten und Plätze für Angler.

Roches Noires   E/F 4

An der Nordostküste. Hier bläst ein steter Wind.

Trou aux Biches   D 3

Traumstrand im Nordwesten, der durch Kokospalmen geschützt ist.

Trou d'Eau Douce   F 5

Mehrere Strände, die nicht sehr breit sind, aber Flair haben, da hier viele Mauritier ihre malerischen Wochenendhäuschen gebaut haben.

Familientipps

Kinder sind gern gesehene Gäste und fühlen sich wohl auf Mauritius. Baden im Indischen Ozean, planschen im Pool oder Entdeckertouren gehören zu den Lieblingsbeschäftigungen.

◄ Die Riesenschildkröten sind eine der Attraktionen im La Vanille Nature Park (▸ S. 41) bei Rivière des Anguilles.

Mauritius ist nach wie vor hauptsächlich ein Reiseziel für Paare. Dennoch ist es auch für kleine Kinder ein ganz besonderes Erlebnis, auf der Maskareneninsel die Ferien zu verbringen. Die Mauritier sind ein überaus kinderfreundliches und vor allem tolerantes Volk. Sie selbst haben nicht selten drei und mehr Kinder. In vielen Hotels hat man sich inzwischen auf Kinder eingestellt und nimmt diese Aufgabe auch sehr ernst. Immer mehr Häuser bieten beispielsweise hervorragende Kinderclubs mit bester Animation an. Es gibt mehr kindgerechte Pools, extra Kindersnacks in der Mittagszeit und eine professionelle und altersgerechte Betreuung. Einige der Hotels bieten – gegen einen Aufpreis – auch abends einen Babysitterservice an.

Insgesamt kann man sich auf Mauritius sicher sein, dass die hygienischen Verhältnisse sehr gut, die Sicherheitsstandards hoch und die medizinische Versorgung vorbildlich sind. Aber auch ohne diese zahlreichen Annehmlichkeiten wird ein Urlaub mit Kindern auf Mauritius ein Erfolg: Das Meer ist das ganze Jahr über herrlich warm, es gibt keine hohen Wellen oder gar gefährliche Unterströmungen, auf den zahlreichen Sandstränden lässt es sich herrlich spielen und die Sonne scheint wirklich immer – auch im mauritischen Winter zwischen Juli und September. Und wer etwas Abwechslung zum süßen Strandleben sucht, kann sehr spannende, spaßige, aber auch durchaus lehrreiche Ausflüge unternehmen.

Etwas langweiliger wird es vermutlich für Kinder und Jugendliche im Alter ab 13 Jahren. Nur selten bieten Hotels für diese Altersklasse eine passende Unterhaltung an. Hinzu kommt, dass die Heranwachsenden kaum Gleichaltrige treffen werden. Abendliche Disco-Veranstaltungen in den Hotels finden kaum statt, Besuche öffentlicher Discos sind meist erst ab 18 Jahren erlaubt.

Casela Nature & Leisure Park C/D 6

Der Park begeistert alle – vom kleinen Kind bis zum Erwachsenen. In diesem Tierpark können Sie nicht nur 150 verschiedene Vogelarten, sondern auch zahlreiche andere Tiere aus allen Erdteilen sehen, darunter Affen, Löwen oder Zebras. Richtig Spaß macht eine Jeeptour durch den 14 ha großen Park. Für die ganz Kleinen gibt es einen Streichelzoo. Die Größeren können sich z. B. bei Zipline, Canyoning oder Quadbike-Fahren vergnügen. Sämtliche Aktivitäten, wie auch der »Walk with the Lions« (ab 15 Jahren und 1,50 m Körpergröße – und nur für Mutige), kosten allerdings extra.

Route Royale, Cascavelle • www.casela park.com • Mai–Sept. tgl. 9–17, Okt.–April 9–18, Wildkatzenbereich tgl. 9–16 Uhr • Eintritt 775 Rs, Kinder bis 12 Jahren 500 Rs

★2 Domaine les Pailles C 5

Der Freizeitpark Domaine les Pailles ist einer der ältesten seiner Art auf Mauritius. Er mag etwas in die Jahre gekommen sein, aber dennoch ist er immer wieder auf seine Weise schön. Ohne aufregende High-Tech-Angebote oder Animationen entschleunigt er seine Besucher – vor allem Familien. Wer den Freizeitpark besucht, sollte sich etwas Zeit nehmen. Man kann beispielsweise mit einem Geländewagen zu einer Safaritour durch die Wildnis starten. Mit Glück sind während der Fahrt Hirsche oder Makaken, eine Affenart, zu sehen. Oder man bucht eine der Pferdekutschen, um sich das Gelände mit seinen historischen Gebäuden anzuschauen. Auf dem Gelände selbst sind u. a. ein originalgetreuer Nachbau einer Zuckermühle aus dem 18. Jh. und ein Gewürzgarten zu bestaunen. Außerdem gibt es gute Restaurants mit indischer, mauritischer oder französischer Küche. Am Abend werden häufig klassische Sega-Tänze gezeigt. Der Hit: In der Domaine können Sie auch einen speziell für Ihren Nachwuchs organisierten Kindergeburtstag feiern.

Les Guibies, Pailles • tgl. ab 9 Uhr • Kutschfahrt 300 Rs, Jeepsafari 1000 Rs

Gewürzgarten

Hobbyköche werden angetan sein: In dem kleinen Gewürzgarten der Domaine wachsen alle Gewürze, die üblicherweise jede mauritische Hausfrau in ihrer Küche verwendet: z. B. Zimt, Curryblätter, Chili, Kardamom, Pfeffer, Gelbwurz und Ingwer.

Les Guibies, Domaine les Pailles, Pailles

Zuckermühle

Sie ist zwar nur ein Nachbau einer Mühle aus dem 18. Jh., aber dennoch sehenswert: Hier wird sehr anschaulich demonstriert, wie einst der Zucker verarbeitet wurde, wie aus den Zuckerrohrstangen der Saft ausgepresst wird und wie die Melasse entsteht. Immer wieder dürfen die Besucher die Resultate probieren.

Les Guibies, Domaine les Pailles, Pailles

Der feine Korallensand rings um Mauritius lädt zum Spielen geradezu ein. Dank des schützenden Riffs gibt es viele Fische, achten Sie aber auf gefährliche Strömungen.

Hafenrundfahrt  C 4

In der Hauptstadt Port Louis kann man sich herrlich nach einer Shoppingtour mit dem Nachwuchs den Wind um die Nase wehen lassen. Direkt am Einkaufszentrum Le Caudan Waterfront starten kleine Schiffe zu netten Hafenrundfahrten. Mit etwas Glück kann man während einer solchen Tour auch beobachten, wie die Waren der Schiffe gelöscht oder Schiffe beladen werden. Hier wird die Ferieninsel geschäftig.

Le Caudan Waterfront, Port Louis • tgl. 10–18.30 Uhr • 300 Rs (es gibt eine Ermäßigung für Familien)

La Vanille Nature Park  D 8

Bambus, Bananenpflanzen und Palmen bekommt man auf dem insgesamt 3,5 ha großen Areal zuerst zu sehen. Ein hervorragend geschulter Führer zeigt und erklärt den Besuchern alle Pflanzen. Der wohl spannendste Moment ist jedoch der Anblick von 2000 Nilkrokodilen.

1985 brachte man die Tiere nach Mauritius. Jetzt leben und gedeihen sie hier im Nature Park. Dazu kommen Riesenschildkröten, die ein Gewicht von bis zu 275 kg und ein Alter von 90 Jahren erreichen können. Zum Park gehören außerdem ein Restaurant und ein Spielplatz. Im »Crocod'ile Shop« werden Taschen aus Krokodilleder verkauft.

Rivière des Anguilles • www.lavanille naturepark.com • tgl. 8.30–17 Uhr • Eintritt 490 Rs, Kinder 250 Rs

La Vieille Cheminée  B 7

Ein Abenteuerwochenende: Auf der kleinen Farm in Chamarel können Familien gemeinsam spannende Tage verleben. Hier können Sie Touren durch die herrliche mauritische Wildnis buchen. Angeboten werden Wanderungen zu Fuß, mit dem Fahrrad und sogar zu Pferde. Die Ausflüge dauern in der Regel zwei Tage und beinhalten immer eine Übernachtung.

Chamarel • www.lavieillecheminee. com • pro Person ab 95 €

★ MERIAN Tipp

NASCHEN ZUM NULLTARIF

Kostenlos und köstlich für Kinder und Erwachsene: In der Zeit, in der das Zuckerrohr geerntet wird, etwa Juni und Juli, darf sich jeder etwas von den Feldern holen. Lutscht man an dem faserigen Fleisch, gleicht das einem herrlich süßen Lolligenuss. ▶ S. 15

Mit Delfinen schwimmen  D 3

Es ist schon ein großartiges Erlebnis wenn diese wunderbaren Tiere an einem vorbeischwimmen und neugierig schauen, sodass man annehmen könnte, sie wollten einen zum Spielen auffordern. Mit etwas Glück kann man während des Ausfluges mit zwei Delfinarten Kontakt aufnehmen: mit den bis zu 4 m langen Bottlenose-Delfinen und den bis zu 2,5 m langen Spinner-Delfinen. Die Touren starten und enden an der Westküste mit einem Speedboot und dauern insgesamt etwa 2,5 Stunden. Achtung: Rechtzeitig buchen!

Mauritius Attractions • Grand Baie, Route Royal, Business Park, Suite 206 • Tel. 2 69 10 00 • www.mauritius attractions. com • tgl. 7.30–10 Uhr • 42 €, Kinder bis 12 Jahren 28 €

🚻 Weitere Familientipps sind durch dieses Symbol gekennzeichnet.

Flammenbäume, auch Flamboyants genannt, säumen so manche
Straße auf Mauritius. Zur Blütezeit, zwischen November und Januar,
leuchten die Alleen in intensivem Rot.

Unterwegs auf **Mauritius**

Die Insel hat viel zu bieten: blaue Lagunen und schneeweiße Strände, erloschene Vulkane, exotische Pflanzen – und die Gastfreundschaft der Einheimischen.

Port Louis

Die Hauptstadt von Mauritius ist laut, quirlig und temperament-voll. Die Autos stauen sich zweimal täglich durch die Stadt, und dennoch: Wer Port Louis nicht kennt, kennt Mauritius nicht.

In Port Louis war bis 2008 das älteste Theater (▶ S. 50) der südlichen Hemisphäre in Betrieb.

Port Louis   📖 C/D 4

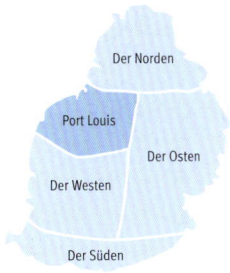

150 000 Einwohner

Stadtplan ▶ Klappe hinten

Schon am frühen Morgen wird die Stadt geweckt. Zuerst durch den Muezzin, dann durch die Autos, die sich verzweifelt durch die Stadt zu kämpfen versuchen. Die einzige wirkliche Hauptstraße, die den Süden mit dem Norden der Insel verbindet, führt mitten durch Port Louis. Und auf diesem Motorway M 2 drängeln sich alle. Für rund zwei Stunden geht dann nichts mehr. Die Hauptstadt boomt. Sie reflektiert das ungeheure Wirtschaftswachstum der Insel. Rund 150 000 Menschen leben heute in Port Louis. 1918 waren es lediglich 50 000. Selbst vor wenigen Jahren noch waren derartige Staus eher selten, knatterten Vehikel durch die Straßen, die man als Europäer schon für endgültig ausgestorben gehalten hatte. Heute stehen stattdessen Mittelklassewagen und große Limousinen Stoßstange an Stoßstange.

Wo sich heute die Menschen trotz der chaotischen Verkehrsverhältnisse vergnügt auf den Weg zur Arbeit machen, lebten vor langer Zeit Schildkröten, so groß wie Schweine. Das berichteten zumindest die Holländer, als sie 1598 zum ersten Mal auf der damals noch unbewohnten Insel an Land gingen. »Melukesereede« (Schildkrötenbucht) nannten sie den Ort, an dem sie den Anker warfen. Den Namen Port Louis erhielt die Stadt 1722, als die Franzosen an der Westküste der Insel festmachten. Als 1735 der Comte de Labourdonnais in Port Louis ankam, entschied

er, das Hüttendorf zu einer Hafenstadt auszubauen. Holzhäuser wurden durch Steinbauten ersetzt, die ersten Hafenanlagen entstanden. In Port Louis hielt nach und nach das zivilisierte Leben Einzug.

In den darauffolgenden Jahrzehnten wurde die Inselmetropole immer wieder von Katastrophen heimgesucht. Ein Feuer im Jahre 1816 vernichtete sie fast vollständig, 1866 brach eine Malariaepidemie aus, an der mehr als 200 Menschen täglich starben. Kurz darauf fegten vier Zyklone über die Insel. Der letzte dieser großen Zerstörer kam im April 1892. Über 1300 Hütten, rund 900 Häuser und an die 60 Geschäfte machte er dem Erdboden gleich.

Vielleicht möchten Sie einen Besuch der Innenstadt in Angriff nehmen? Auch das älteste Gebäude von Port Louis, das **Government House,** 1738 vom Comte de Labourdonnais gebaut, liegt hier.

Nur: Ein Abend in der Hauptstadt lohnt sich leider nicht. Die Stadt ist abends tot – »dead as a Dodo«, wie die Mauritier sagen und damit auf den seit Jahrhunderten ausgestorbenen flugunfähigen Vogel Dodo anspielen. Nur das Casino im Einkaufszentrum Le Caudan Waterfront hat geöffnet, und auch in einigen Lokalen in Chinatown ist noch etwas los.

SEHENSWERTES

 Le Caudan Waterfront

▸ Klappe hinten, a 2

Perfektes Shoppingglück (nicht nur) für regnerische Tage: ein Einkaufszentrum, das sich mit vielen in Europa oder den Großstädten Asiens messen kann, auch wenn es sehr viel kleiner ist. Aber das Angebot ist perfekt: von hochwertigem Brillantschmuck über edle Kaschmirpullover bis zu pfiffiger Kinderbekleidung. Dies alles und noch viel mehr finden Sie im Le Caudan Waterfront. Zum Komplex gehören auch Cafés mit herrlichem Blick aufs Meer, Kinos, Restaurants und ein Spielcasino.

Marina Quay (direkt am Hafen) • www.caudan.com

FotoTipp

CHAMP DE MARS

Das lebendige Mauritius, also kein typisches Urlaubsbild mit Strand, Palmen und Sonne, lässt sich hier festhalten: elegante Damen mit Hüten à la Ascot, spielende und lachende Kinder sowie international bekannte Pferde und Jockeys.   ▸ MERIAN TopTen, S. 46

Champp de Mars

▸ Klappe hinten, d/e 5/6

Der Engländer Colonel Draper gründete bereits im Jahre 1812 den Mauritius Turf Club. Die Galopprennbahn ist damit die zweitälteste der Welt, nach der berühmten Bahn in Ascot. In der Rennsaison von Mai bis Dezember ist Champ de Mars nicht nur ein Treffpunkt für Pferde- und Wettfreunde. Es lohnt sich für jeden, einmal in diese fremde Welt einzutauchen. Je nachdem, wo Sie sitzen oder stehen wollen, können Sie ganz leger oder auch nobel gekleidet teilnehmen. Auch kulinarisch lohnt sich der Ausflug: Überall stehen Buden, an denen Sie Köstlichkeiten probieren können. Die Leidenschaft geht aber noch weit über das Sehen und Gesehenwerden, die Pferde und das gute Essen hinaus. Wettfieber hat die Mauritier schon vor vielen Jahrzehnten gepackt. Während der Rennsaison zwischen Mai und Dezember wechseln ungezählte Rupien ihre Besitzer. Immer samstagnachmittags finden maximal acht Rennen statt, die Besucher drängeln sich, um zu schauen – und auf den großen Gewinn zu hoffen. Nicht selten reisen Tausende Besucher an – während der wichtigsten Rennen bis zu 50 000 –, um zu wetten und zu jubeln und um in den Pausen den Kindern beim Karussellfahren zuzusehen oder Musik zu hören.

Auf dem Gelände wird auch die Feier zum Unabhängigkeitstag am 12. März ausgerichtet.

Rue d'Estaing • www.mauritius turfclub.com

La Citadelle (Fort Adélaïde)

▸ Klappe hinten, e 3

Das Fort errichteten die Engländer im Jahr 1834, es diente dem militärischen Schutz. Heute ist die Zitadelle mit ihrem Innenhof ein friedlicher Platz, an dem Konzerte, Ausstellungen und Theateraufführungen stattfinden. Nicht zuletzt genießt man von hier aus einen herrlichen Blick über den Hafen und die Stadt.

Government House

▸ Klappe hinten, b/c 3

Das älteste Gebäude der Insel: Das heutige Erdgeschoss baute Mahé de Labourdonnais im Jahr 1738. Die bei-

Die zweitälteste Pferderennbahn der Welt, Champ de Mars (▶ MERIAN TopTen, S. 46) in Port Louis, ist allein wegen der einmaligen Atmosphäre einen Besuch wert.

den oberen Stockwerke wurden später angefügt. Das Haus liegt gegenüber dem National History Museum.
Rue de l'Intendance

Jardin de la Compagnie

▶ Klappe hinten, b 3/4

Ein kleiner Park mit gewaltiger Wirkung – der Wirkung maximaler Entspannung nämlich, die doch hin und wieder mal guttut, wenn man sich lange in dem lauten Getöse von Port Louis aufhält. Sicher, der Park ist eher klein, aber durchaus beeindruckend. Im Schatten der bengalischen Würgefeigen kann man das satte Grün der tropischen Pflanzen genießen und an Statuetten mauritischer Bürger vorbeischlendern, deren Vergangenheit nicht immer ruhmreich war. So steht hier beispielsweise der steingewordene Adrien d'Épinay (1794–1839), der auf Mauritius lange Zeit verhindert hatte, dass die Sklaverei abge-

schafft wurde. Dennoch kann man hier auf Parkbänken ein wenig durchatmen, um sich für die nächste Runde in Port Louis zu stärken.
Rue La Chaussée

Jummah Moschee   ▶ Klappe hinten, c 2

Die Moschee ist die schönste der Insel, eine Oase der Ruhe. Frauen und Nichtmuslime dürfen lediglich den Vorhof betreten. Zur Moschee gehören eine Koranschule und eine Bibliothek.
Rue Royale • Sa–Mi 9.30–12 Uhr • www.jummahmasjid.org

Père Laval   ▶ Klappe hinten, nordöstl. f 1

Das Grab des Paters und Heilers Père Laval ist das Ziel ungezählter Pilger. Egal welcher Herkunft, egal welcher Religion, sie kommen aus Südafrika, von den Seychellen, aus Frankreich und England. Die Gläubigen berühren die Nachbildung seines Leichnams im Schrein neben der Kirche Sainte-Croix, beten, stellen Kerzen auf – und hoffen auf Hilfe und Heilung. Ein erstaunlicher Ort der Begegnung und der Ruhe.

Eine Ausstellung über das Leben des Heilers können Sie neben der Kirche besuchen (Mo–Sa 8.30–17, So 10–16.30 Uhr, Eintritt frei). Am Todestag des Paters findet in Sainte-Croix, einem Vorort von Port Louis, ein Fest statt (▸ MERIAN Tipp, S. 15).
Sainte-Croix

Quartier Chinois 👤👤

▸ Klappe hinten, c/d 2

Zwei Torbögen auf der Rue Royale kennzeichnen die Chinatown: Kleine Läden und Werkstätten in alten Häusern, eine bezaubernde Stimmung in einer nostalgischen Welt. In den schiefen Häusern finden Sie viele Restaurants, oftmals im ersten Stock.
Rue de la Rivière

Signal Mountain 👤👤

▸ Klappe hinten, südwestl. b 6

Es gibt zwei Möglichkeiten, um zum höchsten Punkt der Stadt zu gelangen und den fantastischen Blick zu genießen: Von dem Boulevard Edouard VII. ist man etwa eine Stunde zu Fuß auf den 328 m hohen Berg unterwegs. Bequemer ist, vor allem bei hohen Temperaturen, ein Taxi. Nehmen Sie ein Fernglas und unbedingt eine Kamera mit. Besonders der Sonnenuntergang hinterlässt bleibenden Eindruck.

MUSEEN

Blue Penny Museum

▸ Klappe hinten, a 2

Vielleicht gehört es zu den schönsten Museen der gesamten Insel. Das Gebäude ist in klassisch kreolischem Stil erbaut und verfügt über zwei schön gestaltete und informative Stockwerke: Im Erdgeschoss widmet man

Le Caudan Waterfront (▸ MERIAN TopTen, S. 46, 53) ist ein schickes Einkaufszentrum mit Boutiquen, Restaurants, Casino, Kino und weiteren Ausgehmöglichkeiten.

sich einer der bekanntesten Geschichten der Insel, der tragischen Liebe von Paul & Virginie. Das Drama des 1737 geborenen französischen Schriftstellers Jacques-Henri Bernardine de Saint-Pierre handelt von einer sehnsuchtsvollen, aber auf Lebenszeit unerfüllten Liebe. Das Buch gehört nahezu zur Pflichtlektüre der Mauritier. Im Erdgeschoss finden sich viele Exponate zu dem Roman und Bilder der beiden Liebenden.

Im ersten Stock tauchen die Besucher mithilfe multimedialen Equipments in die Geschichte der Insel ein. Anschaulich und unterhaltsam werden die Periode der Seeexpeditionen im Indischen Ozean, die Kolonialzeit und die Entwicklung der Hauptstadt in den letzten Jahrzehnten erläutert.

Kernstück des Museums sind allerdings die Briefmarken, vor allem die wichtigsten: die **Blaue und Rote Mauritius**. Diese beiden Marken, die wohl zu den bekanntesten weltweit gehören, sind der Legende nach Fehldrucke, denn sie tragen einen anderen Schriftzug als die folgende Serie. Von der Roten Mauritius sind lediglich zwölf gebrauchte und drei ungebrauchte, von der Blauen Mauritius acht gebrauchte und vier ungebrauchte erhalten. Im Blue Penny Museum sind zwei der wertvollen Marken jede Stunde für jeweils zehn Minuten zu sehen, denn Licht ist für diese Schätze schädlich. Sie würden bei dauernder Bestrahlung verblassen. Vor Beginn des zehnminütigen Bestaunens werden die Besucher durch das Wachpersonal informiert. Le Caudan Waterfront • www.bluepennymuseum.com • Mo–Sa 10–17 Uhr, feiertags geschl. • Eintritt 245 Rs, Kinder 8–17 Jahre 120 Rs, bis 8 Jahre Eintritt frei

⭐ MERIAN Tipp

PÈRE-LAVAL-TAG 📖 D 4

Es ist vielleicht nicht der spektakulärste Feiertag auf Mauritius, aber er zählt sicher zu den beeindruckendsten: Alle Mauritier – egal welcher Herkunft und welchen Glaubens – treffen sich jährlich am 9. September am Grab des Menschenheilers Père Laval und erbitten Hilfe und Heilung. ▶ S. 15

Mauritius Museum Council

▶ Klappe hinten, b 3

Früher war es einmal das Mauritius Institut, das im Jahre 1885 als kleines Museum gegründet wurde. Damals beschränkte man sich auf die Sammlung und das Studium einheimischer Tierarten. Heute ist es ein Museumskomplex, der u. a. das Naturhistorische Museum, das Marine-Museum, das Sookdeo Bissoondoyal Gedenkmuseum, das Sir Seewoosagur Ramgoolam Gedenkzentrum für Kultur und die interessante De Rochecouste Ölgemäldesammlung beherbergt. Rue La Chaussée • Mo, Di, Do, Fr 9–16, Sa, So 9–12 Uhr • Eintritt frei

Photography Museum

▶ Klappe hinten, b/c 3/4

In einem alten Lagerhaus hat sich ein sehr kleines, aber feines Museum etabliert: Im Fotomuseum sind alte Fotoapparate, Bildbände und allerlei Bilddokumente des mauritischen Fotografen und Museumsinhabers Tristan Bréville zu sehen. Außerdem stehen unter altehrwürdigem Gewölbe alte Druckmaschinen. Rue du Vieux Conseil • www.museephoto.voyaz.com • Mo–Fr 9–15 Uhr • Eintritt 250 Rs

SPAZIERGANG

Stadtplan ▸ Klappe hinten

Am besten starten Sie Ihren Rundgang an der **Post**, einem historischen Gebäude von 1810 direkt an der Hauptstraße, dem ein kleines Briefmarkenmuseum angegliedert ist. Bereits 1847 werden auf Mauritius Briefmarken gedruckt. Ein angeblicher Fehldruck machte die Rote und Blaue Mauritius zur Legende.

Wenn Sie die Hauptstraße überqueren, stehen Sie schon mitten im mauritischen Leben: auf dem **Marché Central.** Chinesische, kreolische, europäische und indische Bauern bieten hier ihre Waren an. Ob Taschen, Bekleidung, Obst, Gemüse oder Gewürze – hier finden Sie alles.

Wenn Sie genug exotische Marktluft geschnuppert haben, gehen Sie die Rue de la Reine nach links, dann rechts in die Rue La Corderie. Sie gelangen so auf die Rue Royale, in die Sie nach links einbiegen.

Nach zwei Querstraßen sehen Sie schon die **Jummah Moschee.** Im Jahr 1852 entschlossen sich moslemische Händler, dieses Gotteshaus zu bauen. Durch ihre Ausstattung mit edlem Holz und verspielten Stuckaturen zählt sie zu den schönsten auf Mauritius. Ein Stück weiter geradeaus, und Sie stehen direkt im **Quartier Chinois** ⭐. Die Häuser rund um die Straße Dr. Sun Yat Sen stammen aus der Zeit um 1900. In den kleinen Läden bekommen Sie alles: Tees gegen sämtliche nur denkbaren größeren und kleineren Leiden, Lebensmittel oder auch Elektrogeräte.

An der Ecke Dr. Sun Yat Sen und Rue Rémy Ollier gehen Sie nach rechts. Kurz vor der Rue Jules Koenig stehen Sie vor einem hübschen Gebäude, dem ältesten **Theater** der südlichen Hemisphäre, dessen Bau bereits im Jahr 1820 begonnen wurde.

An der Hauptstraße, der Rue Intendance, biegen Sie nach rechts ab und haben gleich mehrere Sehenswürdigkeiten vor Augen: rechts das **Government House,** eines der ältesten Gebäude der Insel; es wurde 1738 vom Gouverneur Mahé de Labourdonnais gebaut. Links, in einem kleinen Garten mit herrlichen Banyan-Bäumen, steht das **Mauritius-Institut**, 1880 als Kulturzentrum errichtet. Heute befindet sich in dem Gebäude das **Naturhistorische Museum** mit einheimischen Vögeln und Fischen und einer Nachbildung des ausgestorbenen Vogels Dodo sowie eine Bibliothek mit über 5000 Büchern. Weiter geht es zur palmengesäumten **Place d'Armes** mit einem Denkmal der Queen; es folgt die **Place Labourdonnais** mit einer Statue des französischen Gouverneurs. Dauer: ca. 2 Stunden

ÜBERNACHTEN

Labourdonnais Waterfront Hotel

▸ Klappe hinten, a 2

Bester Service • Ein Spitzenhotel nicht nur für Geschäftsleute direkt neben dem Einkaufszentrum. Mit zwei hervorragenden Restaurants, Swimmingpool und Fitnesscenter.
Le Caudan Waterfront • Tel. 2 02 40 00 • www.labourdonnais.com • 94 Zimmer, 10 Suiten, 1 Penthouse • €€€€

Le Saint Georges Hotel

▸ Klappe hinten, b 4

Nah am Zentrum • Die Zimmer in diesem zentrumsnahen Hotel sind vielleicht etwas nüchtern bis kühl, aber durchaus praktisch und vor allem sehr sauber. Die meisten Gäste sind Geschäftsleute, die selten lange bleiben. Schöner Pool.

Dim Sum, kleine chinesische Gerichte, die »das Herz berühren«, gibt es überall im Quartier Chinois (▶ MERIAN TopTen, S. 48), z. B. im First Restaurant (▶ MERIAN Tipp, S. 16).

Rue St. Georges 19 • Tel. 2 11 25 81 • www.saintgeorgeshotel-mu.com • 82 Zimmer • €€

Mon Choix Ecolodge   C/D 5

Inmitten der Natur • Scheinbar unendlicher Frieden, Ruhe und nicht enden wollende Entspannung – die Mon Choix Ecolodge liegt im Vallée des Prêtres nur ca. 15 Min. von der Hauptstadt entfernt. Wer hier seine Ferien verbringt, wohnt zwischen Flüssen und tropischen Gewächsen in klassisch englisch oder afrikanisch eingerichteten Suiten. Energiesparlampen, eine Solaranlage sowie die Wassersparfunktionen in den Bädern sollen die Ressourcen der Insel schützen. Chemikalien im Pool sind Vergangenheit, die Verwendung von Kunststoffen ebenso. Dazu wird in diesem Hause der Müll strikt getrennt, anfallender Bio-Müll kompostiert und wiederverwendet. Ein sinnvolles Konzept, das sich unter Mithilfe der Gäste bewährt hat. Und diese Gäste sind so unterschiedlich wie die Insel selbst: Sie kommen aus der ganzen Welt und haben die verschiedensten Vorstellungen. Die einen gehen wandern und wollen ihre Ruhe. Die anderen fahren an den Strand oder in die Hauptstadt, um ein wenig Trubel zu genießen.
Vallée des Prêtres • Tel. 7 60 08 36 • www.ecomauritius.com • 4 Suiten • €€

⭐ **6**   **MERIAN Tipp**

FIRST RESTAURANT

▶ Klappe hinten, c 2

Kennen Sie Dim Sum? Diese köstlichen chinesischen Vorspeisen gibt es z. B. im First Restaurant im Herzen Chinatowns. Probieren Sie unbedingt die in Teig gehüllten Krabben! ▶ S. 16

ESSEN UND TRINKEN

Lai Min   ▶ Klappe hinten, d 1

Bester Chinese der Stadt • Gehobene kantonesische Küche. Hier treffen sich auch viele Mauritier zum Essen.

Rue Royale 58 • Tel. 2 42 00 42 • www. restaurantlaimin.com • tgl. 11.30–14.30 und 18.30–21.30 Uhr • €€

Lambic   ▶ Klappe hinten, a/b 4

Originell • Das Lambic, in einem Kolonialhaus gelegen, ist Restaurant (mit Frühstück), Bier-Lokal, Café und ein bisschen Lounge-Bar.

Rue St. Georges 4 • Tel. 12 16 011 • www. lambic.mu • Mo–Sa 8–22 Uhr • €€

Chinesische Garküchen

    ▶ Klappe hinten, c/d 2

Authentische Küche • Überall finden Sie im **Quartier Chinois** ⭐ in den kleinen Holz- und Wellblechhäusern mit den chinesischen Schriftzeichen

Garküchen, in denen ab Vormittag vor Ihren Augen chinesische Gerichte zubereitet werden. Sicherlich dürfen Sie hier nicht mit dem Blick eines Beamten der deutschen Lebensmittelbehörde entlanggehen. Schalten Sie Ihre Zweifel einfach ab und probieren Sie. Es lohnt sich!

Umgebung Rue Dr. Sun Yat Sen • €

🌱 Vegan Heaven

    ▶ Klappe hinten, d 2/3

Sehr preiswert • Man mag es kaum glauben, aber auch auf Mauritius fasst der Trend zum vegetarischen und veganen Essen langsam Fuß. Vegan Heaven ist ein kleines, einfach eingerichtetes Lädchen, in dem chinesisches Essen ohne Fleisch und sogar ohne Zwiebeln und Knoblauch serviert wird. Man wählt zwischen Nudeln und Reis und lässt sich dann die täglich frisch zubereiteten vege-

Auf dem Marché Central (▶ MERIAN Tipp, S. 16) in Port Louis herrscht reges Treiben. Hier finden Hobby- und Spitzenköche gleichermaßen ein überwältigendes Angebot.

tarischen Zutaten dazu geben. Das Ganze ergibt dann eine ziemlich große Mahlzeit zu niedrigem Preis.
Pearl House, Rue Sir Virgil Naz 16 • Tel. 9 58 20 80 • Mo–Fr 10–16 Uhr • €

EINKAUFEN

Craft Market   ▶ Klappe hinten, a 2
Witzige Souvenirs wie z.B. Schlüsselanhänger, Dodo-Statuen, bunte Tischdecken und Gewürzsortimente.
Le Caudan Waterfront

Happy World House
    ▶ Klappe hinten, c 3
Ein Kaufhaus, in dem Sie (fast) alles finden werden.
Rue Sir William Newton 37

IBIZA   ▶ Klappe hinten, a 2
Elegante Ballerinas oder bequeme Latschen: Das Geschäft bietet viele Schuhmarken zu akzeptablen Preisen.
Le Caudan Waterfront

6 ⭐ **Le Caudan Waterfront**
▶ Sehenswertes, S. 46
▶ Am Abend, S. 53

Phydra   ▶ Klappe hinten, a 2
Duftende Mitbringsel: Seifen, Kosmetika, Parfüms und andere wohlriechende Geschenkartikel.
Le Caudan Waterfront, 1. Stock

Poncini   ▶ Klappe hinten, a 2, c 3
Große Auswahl an Edelsteinen, Perlen und exklusivem Goldschmuck in zwei Filialen.
Le Caudan Waterfront, Place du Théâtre

Power Music   ▶ Klappe hinten, a 2
Die beste und größte CD-Sammlung einheimischer Musiker.
Le Caudan Waterfront

⭐ **MERIAN Tipp**

7

MARCHÉ CENTRAL   ▶ Klappe hinten, b 2
Wenn Sie den Markt betreten, werden alle Sinne aktiviert: die Augen von den Farben der Obstsorten, die Ohren vom Stimmengewirr, die Nase von den Gerüchen der Gewürze. Eine fantastische Atmosphäre!   ▶ S. 16

AM ABEND

Port Louis ist eine ruhige Stadt. Abends ist nichts los, die meisten Restaurants schließen früh, ausgelassene Partyfreunde feiern nicht hier. Wer dennoch abends in der Stadt ist, sollte durchs **Quartier Chinois** ⭐ schlendern. Tipp: Gehen Sie niemals allein. Port Louis gehört in den späten Abendstunden nicht zu den sichersten Orten.

Côté Jasmin   ▶ Klappe hinten, b 4
Eine kleine, nette Gartenbar mit Cocktails, allerlei Milchshakes und Tees, aber auch leckeren Crêpes und Eiscreme. Manchmal gibt es Livemusik. Jeden Freitag Happy Hour zwischen 17 und 19 Uhr.
9b, Rue Saint Georges • Tel. 2 13 11 65 • tgl. 9–23 Uhr

6 ⭐ **Le Caudan Waterfront**
    ▶ Klappe hinten, a 2
Die Hauptstadt, tagsüber voller Leben, wirkt nach Geschäftsschluss fast ausgestorben. Mauritier gehen selten abends aus. Seit dem Bau des Einkaufszentrums gibt es noch ein Kino und ein weiteres Spielcasino für Nachtschwärmer.
Der gesamte Gebäudekomplex entstand im Laufe der 1990er-Jahre. Ursprünglich standen auf diesem Ge-

lände alte Lagerhallen und Speicher. Eine herrliche Lage für ein solches Projekt: Das heutige Einkaufs- und Vergnügungsparadies liegt am Wasser mitten in der Stadt und ist für Touristen und Mauritier wunderbar erreichbar. Und so ist es auch eines der frequentiertesten Einkaufszentren der gesamten Insel. Kein Wunder, denn es bietet mehr als alle anderen Konsumstätten: An die 60 kleinere und größere Läden sowie Boutiquen mit Bekleidung, Schuhen oder Schmuck. Hinzu kommen schöne Cafés direkt am Wasser und Geschäfte für den täglichen Bedarf.

Die Öffnungszeiten sind deutlich länger als die anderer Geschäfte in der Stadt. Das ist nicht nur praktisch für Touristen, die noch schnell etwas einkaufen wollen. Es ist auch eine Möglichkeit für Jugendliche und andere Nachtschwärmer, die sich nach dem Abendessen nicht in ihre vier Wände zurückziehen wollen. Hier regt sich noch ein kleines bisschen abendliches Leben, während im Rest der Stadt die Bürgersteige hochgeklappt werden. Die letzten Kinovorstellungen beginnen übrigens um 21 Uhr.

Marina Quay (direkt am Hafen) • www.caudan.com

SERVICE
AUSKUNFT
Mauritius Tourism Promotion Authority (MTPA)
4–5th Floor, Victoria House, Rue St. Louis • Tel. 2 03 19 00 • www.tourism-mauritius.mu

Bus
Die zwei wichtigsten Busstationen sind **La Gare Victoria** (▸ Klappe hinten, a 3), um in den Süden, ins Inselinnere und nach Westen zu gelangen

(Tel. 2 12 20 26), und **La Gare du Nord** (▸ Klappe hinten, b 2): Hier starten Busse in Richtung Norden und nach Osten (Tel. 2 41 15 11, 2 42 14 25).
Achtung: Die letzten Busse verlassen Port Louis bereits am frühen Abend.

Ziele in der Umgebung
◉ Domaine les Pailles ⭐   C 5
▸ MERIAN TopTen 360°, S. 8
▸ Familientipps, S. 39
6 km südwestl. von Port Louis

MUSEEN
Worldwide Mask Museum
Das einzigartige und sehr empfehlenswerte Privatmuseum wurde in dem Erlebnispark Domaine les Pailles eröffnet. Es beherbergt eine faszinierende Sammlung von Masken aus der ganzen Welt.
Domaine les Pailles • Tel. 2 12 42 25 • So geschl. • Eintritt 400 Rs

ESSEN UND TRINKEN
Indra
Indische Küche • Seit Jahren gibt es hier gute indische Gerichte – einige können allerdings extrem scharf gewürzt sein. Traditionelles Ambiente und freundliche Bedienung.
Domaine les Pailles • Tel. 2 86 42 25 • tgl. 12–14.30, Mo–Sa 18–22 Uhr • €€€

La Dolce Vita
Leckere Pizza • Eine gute Adresse, um einen kleinen Mittagssnack einzunehmen. Hier finden auch Kinder immer etwas, auf das sie wirklich Lust haben. Anschließend kann man nebenan Minigolf spielen.
Domaine les Pailles • Tel. 2 86 42 25 • tgl. 12–14.30, Mi, Fr, Sa 18–22 Uhr • €€€

◎ Le Pouce D 5

Auf den 811 m hohen Berg Le Pouce führt ein gut begehbarer Pfad. Sie erreichen ihn vom Vallée du Pouce im Süden von Port Louis. Für den Aufstieg (gute Kondition ist unbedingt erforderlich!) benötigen Sie rund vier Stunden. Doch die Anstrengung lohnt sich: Der Blick ist fantastisch!

4 km südöstl. von Port Louis

◎ Quatre Bornes/Rose Hill/Beau Bassin C 5/6

Die drei kleinen Städtchen sind in den vergangenen Jahren nach und nach zu einer einzigen Stadt zusammengewachsen. Jede für sich hat einige interessante Geschäfte.
Besuchenswert ist auf jeden Fall der **Markt in Quatre Bornes** ⭐ auf dem zentralen Platz – vor allem samstags, wenn hier Kleidung verkauft wird. Die Preise sind niedrig,

die Qualität ist keineswegs schlechter als in den Geschäften. Quatre Bornes hat außerdem eine beträchtliche Anzahl an hinduistischen Tempeln, die von großer Wichtigkeit beim Ausrichten des Cavadee-Festes sind. Rose Hill hat eine schöne Kunstgalerie, in Beau Bassin bezaubern die **Balfour Gardens**.

10 km südl. von Port Louis

MUSEEN

⭐ Villa Eureka C 5

Am Fuße der Moka-Berge liegt ein bezauberndes Kolonialhaus von 1830, das schönste der Insel. Heute ist die Villa ein Museum mit 14 Schlafzimmern und 109 Türen, eingerichtet mit kostbaren Antiquitäten. Nehmen Sie sich Zeit für ein Essen im Restaurant. Es lohnt sich!

Moka • www.maisoneureka.com •
Mo–Sa 9–17, So 9–15.30 Uhr •
Eintritt 350 Rs

Die Villa Eureka (▶ MERIAN TopTen, S. 55), ein prachtvolles Herrenhaus von 1830, steht in einem tropischen Park vor der faszinierenden Kulisse der Moka-Berge.

Der Norden

Weiße Traumstrände, tolle Sportangebote, Shoppingtouren
vom Feinsten: Der Norden bürgt mit seiner hervorragenden
Infrastruktur und der Hauptstadtnähe für beste Ferienlaune.

◄ Weißer Bilderbuchstrand am Cap Malheureux (▶ S. 57) im Norden von Mauritius mit Blick auf die Insel Coin de Mire.

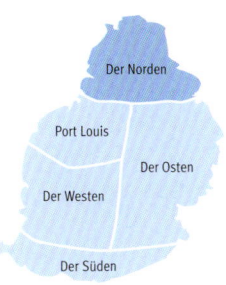

Der Norden

Port Louis

Der Osten

Der Westen

Der Süden

Pamplemousses und Rivière du Rempart – die beiden Distrikte, die den Norden der Insel ausmachen, sind ein Synonym für fantastische Ferien. Es sind nicht nur die wunderschönen Buchten und die herrlichen Strände – etwa in Trou aux Biches, Mon Choisy, Pointe aux Canonniers, Cap Malheureux oder Péreybère –, auf die das warme, ruhige Meer schwappt. Es sind auch die wunderschönen, seltsam geformten Vulkanberge, die das einmalige Bild der Insel prägen. Es sind die Zuckerrohrfelder, durch die ein steter Wind weht, die alten Schornsteine der ehemaligen Zuckerfabriken. Und vielleicht auch der eine oder andere Prominente, der im fast schon legendären Hotel Royal Palm (▶ S. 61) abgestiegen ist – in der Tat ein Haus, für das das Prädikat »Luxus« schon fast nicht mehr ausreicht.

Für Sportfreaks gibt es hier unzählige Gelegenheiten, sich auszutoben. Die meisten Hotels bieten sämtliche Wassersportmöglichkeiten wie Wasserski, Segeln, Surfen und Schnorcheln. Viele Häuser haben Golfplätze, Fahrräder und manche sogar einen Reitstall. In **Trou aux Biches** hat sich ein großes Zentrum für Hochseefischerei etabliert; einen Unterwasserspaziergang können Sie in **Grand Baie** erleben.

Im Norden ist es herrlich und relativ mühelos möglich, die Gegend per **Fahrrad** zu erkunden. Es gibt nur wenige Steigungen, man fährt gemütlich durch kleine Dörfer. Überall können Sie an einem der schönen Strände einen Badestopp einlegen.

Was den Norden darüber hinaus besonders attraktiv macht, ist zum einen die Nähe zu Port Louis – das Touristenzentrum Grand Baie an der Nordküste ist nur 17 km von der Hauptstadt entfernt.

Zum anderen bietet Grand Baie mit zahlreichen Geschäften, Boutiquen und Restaurants sowohl Einkaufsmöglichkeiten als auch Amüsement wie sonst nirgendwo auf der Insel. Die Infrastruktur ist im Norden nahezu perfekt.

Cap Malheureux   📖 D/E 2

Das Kap ist der nördlichste Punkt von Mauritius, das »Kap des Unglücks«. Und Unglücke gab es am Kap in den vergangenen Jahrhunderten gleich mehrere. Zum einen verunglückten hier immer wieder Schiffe, denn die Strömungen sind an der Spitze der Insel sehr stark. Zum anderen landeten hier im Jahre 1810 Tausende britische Soldaten, um Mauritius von den Franzosen zu erobern. Sie marschierten bis nach Port Louis – und fortan war Mauritius britisch.

Beachtenswert und vor allem berühmt ist die kleine Kirche **Notre Dame Auxiliatrice.** Seit vielen Jahren ist sie die am meisten fotografierte Kirche der Insel. Ob auf Anzeigen oder Werbeprospekten, immer wieder sieht man das kleine Gotteshaus mit seinem markanten roten Dach und dem kleinen, separaten Glockenturm. Auf diese Weise wurde die Kirche in den vergangenen Jahren zu einem Wahrzeichen von Mauritius. Einen Besuch lohnt die kleine, im Kolonialstil erbaute katholische Kirche allemal. Von hier hat man auch einen herrlichen Blick auf die Inseln, die Mauritius vorgelagert sind: die **Coin de Mire** und in der Ferne die **Île Plate** sowie die **Îlot Gabriel**.

ÜBERNACHTEN
Paradise Cove Hotel & Spa
Sportler-Dorado • Wunderschönes Haus mit Privatstrand und großem Sportangebot. Im Preis inbegriffen sind Fahrten mit dem Glasbodenboot, Surfen, Schnorcheln, Jollensegeln, Billard, Tennis, Kajak- und Wasserskifahren. Ganz neu: Stand-up-Paddeln in den Mangroven!
Anse la Raie, ca. 3 km östl. von Cap Malheureux • Tel. 2 04 40 00 • www.paradisecovehotel.com • 47 Zimmer, 20 Suiten • €€€€

 ## FotoTipp

INSEL COIN DE MIRE
Gegenüber vom Cap Malheureux liegt in ca. 4 km Entfernung die kleine Insel Coin de Mire. Schöne Aufnahmen kann man während des Sonnenuntergangs machen, denn die Silhouette der Insel kommt bei niedrigem Sonnenstand besonders gut zur Geltung.   ▶ S. 58

Kuxville
Herrliche Lage • Die Apartment- bzw. Bungalowanlage liegt direkt am Meer und eignet sich auch für Familienferien. Versorgen Sie sich selbst oder lassen Sie sich in Ihrer eigenen Küche bekochen. Bei Ihrer Ankunft ist der Kühlschrank bereits gefüllt. Es gibt eine Tauch- und Kitesurfing-Schule und Stand-up-Paddeln.
Cap Malheureux • Tel. 2 62 88 36, 2 62 79 13 • www.kuxville.de • 16 Zimmer • €€€

Hotel Coin de Mire
Charmanter Kolonialstil • Das Drei-Sterne-Haus ist inzwischen etwas in die Jahre gekommen, aber es ist sauber, und die Einrichtung ist praktisch und größtenteils sehr schön. Irgendwie hat das Hotel einen gewissen Charme. Auch der Service ist sehr gut, und man achtet sehr auf die richtige Etikette. Die vielen Stammgäste sprechen für die Qualität des Hauses. Einziger Nachteil: Es liegt direkt an der Hauptstraße.
Route Royale, Bain Boeuf • Tel. 2 04 99 00 • www.coindemire-hotel.com • 102 Zimmer • €€

ESSEN UND TRINKEN
Amigo Restaurant
Hervorragende Qualität • Wer gerne Fisch und andere Spezialitäten aus dem Meer isst, sollte sich einen Abend im Amigo gönnen. Seit fast 30 Jahren haben weder die Qualität noch der Service nachgelassen. Unbedingt reservieren!
Route Royale, Cap Malheureux • Tel. 2 62 62 48 • www.amigo.restaurant.mu • Mo–Sa 12–15 und 18–23.30 Uhr • €€€

Le Capre
Beste Meeresfrüchte • Ein ganz wunderbares Restaurant für Menschen, die Seafood schätzen. Fangfrisch werden die Spezialitäten serviert. Der Service ist freundlich und zuvorkommend, und die Preise sind

Ein hübscher Anblick: Die im Kolonialstil erbaute Kirche Notre Dame Auxiliatrice am Strand von Cap Malheureux (▸ S. 57) ist ein Wahrzeichen der Insel.

deutlich moderater als in der Touristengegend Grande Baie.
Route Royale, Cap Malheureux • Tel. 2 62 64 38 • tgl. 18–22 Uhr • €€

AM ABEND

La Belle Vue Bar
Zum Hotel Coin de Mire (▸ S.58), unweit der Kirche, gehört diese Bar, in der man, gemütlich in Korbstühlen sitzend, gute Cocktails und kleine Snacks genießen kann, während einem die frische Brise des Meeres um die Nase weht.
Route Royale, Bain Boeuf • Tel. 2 04 99 00 • www.coindemire-hotel-mauritius.com • tgl. 8–24, Snacks 12–17 Uhr

Goodlands   E 3

Bekannt ist der Ort vor allem aufgrund der Modellschiffe, die in der Manufaktur **Historic Marine**, gegründet 1982, von Hand gefertigt

werden. Es sind die »Rolls Royce« unter den Modellschiffen und die besten, die Sie auf der Insel finden können. Die Preise entsprechen der hohen Qualität. Die Fertigungs- und Ausstellungsräume können auch besichtigt werden.
Tel. 2 83 94 04 • Mo–Fr 9–17 Uhr • Eintritt frei

ÜBERNACHTEN

LUX* Grand Gaube
Super Service • Ein exklusives Hotel in angenehmer Größe, mit guten Sportangeboten.
Grand Gaube, 5 km nordöstl. von Goodlands • Tel. 2 04 91 91 • www.lux resorts.com • 172 Zimmer, 26 Suiten • €€€

Grand Baie   D 3

In den letzten 15 Jahren hat sich das einstige kleine Fischerdorf – von den Holländern »Bay Without End« ge-

nannt – zum beliebten Ferienort ge-
mausert. Direkt an der Route Royale
finden Sie alles, was Sie für Ihren
Urlaub benötigen, sogar einen großen Supermarkt. Dazu kommen
Souvenirgeschäfte, Modeboutiquen
mit hervorragenden Angeboten für
Damen und Herren und Shops mit
Equipment für alle Wassersportar-
ten, die man natürlich alle auch hier
ausüben kann. Für den Abend gibt es
eine große Auswahl an Restaurants.

AKTIVITÄTEN
Mit Delfinen schwimmen 👫
▶ Familientipps, S. 41

🍃 Shanti Giri Ayurveda Spa
Spas gibt es zwar in fast jedem Hotel,
doch wer einmal eine spezielle indische Massage oder echte Ayurveda-
Öl-Behandlung genießen möchte,
sollte sich zum Shanti Giri aufmachen. Dieses Spa wird unter Mauritiern als Geheimtipp gehandelt!
Hier gibt es natürlich die klassischen
Wohlfühlmassagen mit Ölen, die
einen herrlich entspannen lassen.
Auch wer besondere Wünsche hat,
da ihn vielleicht medizinische Pro-
bleme wie Rückenschmerzen plagen,
wird hier individuell beraten und
von ausgebildeten Therapeuten be-
handelt. Auch für Schwangere gibt es
eine ausführliche Beratung und ein
spezielles Programm.
Das Ambiente ist zauberhaft: Die
Gerüche, das Licht, die Farbe der
Wände, die Musik lassen jeden Gast
schon beim Eintreten gleich ruhiger
werden. Wichtig: Unbedingt reservieren, da das Spa sehr klein ist und
häufig frequentiert wird.
Suryamukhi Road, Grand Baie • Tel.
2 90 21 61 • www.shantigiriayurveda
spa.com

Mit den kleinen Sub-Scootern von Blue Safari Submarine kann man in 3 m Tiefe auf Unterwasser-Safari (▶ S. 61) gehen. Ein Taucher sichert den Ausflug.

Unterwasser-Safari

Ein faszinierendes Erlebnis: Mit dem U-Boot von Blue Safari Submarine gelangt man auf bis zu 35 m Tiefe. Die kleineren Sub-Scooter steuert man selbst rund 3 m tief übers Korallenriff. Route Royale, Grand Baie • Tel. 2 65 72 72 • www.blue-safari.com • Tauchgang ab 4700 Rs, Kinder unter 12 Jahren 2900 Rs

ÜBERNACHTEN

Maritim 📖 C/D 3/4

Mit Strand-Service • 9-Loch-Golfplatz, Wassersport, Fitnesscenter mit Meerblick, Reitstall. Exzellenter Service – allerdings auch zum Luxus-Preis! Die Servicekräfte der Strandbar servien den gewünschten Drink direkt an Ihrer Strandliege. Abends hat man die Wahl zwischen einem gigantischen Büfett, dem romantischen Dinner am Strand oder einem Menü im erstklassigen Restaurant. Baie aux Tortues, 12 km südl. von Grand Baie • Tel. 2 04 10 00 • www.maritim.de • 220 Zimmer • €€€€

Royal Palm

Prominenten-Treff • Eines der besten Häuser der Insel. Die noblen Räumlichkeiten sind über einen tropischen Garten verteilt. Direkt am feinen Sandstrand. Schöne Suiten mit eigener Terrasse. Grand Baie • Tel. 2 09 83 00 • www.royalpalm-hotels.com • 70 Suiten • €€€€

Club Méditerranée 🍴🍴

Perfekte Lage • Clubanlage im typischen Med-Stil, auf einer Landspitze nördlich von Grand Baie gelegen. Pointe aux Canonniers • Tel. 2 63 75 08 • www.clubmed.de • 280 Zimmer • €€€

Le Victoria 🍴🍴

Guter Service • Schön gelegen an einem lang gezogenen Sandstrand südwestlich von Grand Baie mit hellen, freundlichen Zimmern. Im Bob Marlin Miniclub werden Kinder im Alter zwischen drei und zwölf Jahren ganztägig betreut. Pointe aux Piments • Tel. 2 04 20 00 • www.levictoria-hotel.com • 246 Zimmer, 7 Suiten • €€€

ESSEN UND TRINKEN

Château Mon Désir 📖 C/D 3/4

▶ MERIAN Tipp, S. 14

Le Pescatore

Erstklassiger Gourmettempel • Das Restaurant ist unbestritten das beste auf der Insel. Leider sind die Preise auch entsprechend hoch. Route Côtière, Trou aux Biches • Tel. 2 61 63 37 • www.pescatore.restaurant.mu • Mo–Sa 12–14 und 19–22 Uhr • €€€

Café Müller

Bestes Café • Wer eine Pause von Seafood, indischem oder chinesischem Essen braucht, ist hier bestens aufgehoben! Fantastischer Kuchen, samstags von 10–14 Uhr Brunch. Route Royale, West of Town Center, Grand Baie, Tel. 263 52 30, €€

Esprit Libre

Angenehmer Service • Es macht schon Spaß, wenn man als Gast so freundschaftlich begrüßt wird, als würde man sich seit Jahren kennen. Serviert wird hervorragendes, größtenteils europäisches Essen zu angemessenen Preisen. Es lohnt sich! Rue Bourdet, Pointe aux Canonniers • Tel. 2 69 22 59 • www.espritlibre maurice.com • €€

🍃 **Happy Rajah**

Hervorragende Currys • Die wahre indische Küche: Die Rezepte für die Gerichte, die der Chefkoch des Restaurants zaubert, stammen hauptsächlich aus Nordindien. Das typische indische Brot wird hier sogar noch in einem traditionellen Lehmziegelofen gebacken. Wer wie die Einheimischen speisen mag – Vorsicht: scharf! –, der sollte sich an einem der verschiedenen Currys versuchen. Die Einrichtung ist gemütlich, der Service professionell. Route Royale, Grand Baie • Tel. 2 63 22 41 • www.happyrajah.com • Mo–Sa 12–14.30 und 18–22.30 Uhr • €€

La Rougaille Créole

Einheimische Küche • Gute, bestens gewürzte kreolische Gerichte mit Fisch oder Fleisch, die einem mit der so typischen mauritischen Freundlichkeit serviert werden. 2014 frisch renoviert, die Preise moderat. Route Royale, Grand Baie • Tel. 2 63 84 49 • tgl. 12–22 Uhr • €€

EINKAUFEN

Galerie Hélène de Senneville

Zeichnungen, Drucke und Kunsthandwerk einheimischer Künstler. Route Royale, Pointe aux Canonniers • www.galeriehelenedesenneville.com

Gecko 👫

Hübsche Kinderkleidung. Route Royale, Grand Baie

La Croisette

Ein kleines Einkaufszentrum mit allem, was man so benötigt: zwei Supermärkte, ein gut sortierter Baumarkt, Souvenirshops, Bekleidungsgeschäfte. La Croisette, Grand Baie

Les Maquettes

Wer ein Modellschiff kaufen möchte, ist hier bestens aufgehoben. Pointe aux Canonniers

Monali

Mode vom Feinsten: Hier fehlt kaum ein namhafter Designer. Sunset Boulevard/Route Royale, Grand Baie

Pushkaar

Klassische indische Saris aus schönen und edlen Stoffen. Route Royale, Grand Baie

AM ABEND

Banana Beach Club

Netter Nachtclub mit tropischer Atmosphäre zum Musikhören und Genießen. Am Wochenende Livemusik und gute, preiswerte Cocktails. Route Royale • www.bananabeach club.com • Mo–Sa bis ca. 2 Uhr

Stardance Co Ltd.

Wer nach einem langen Strandtag noch ausgiebig tanzen kann und möchte, der hat in dieser Diskothek reichlich Möglichkeit dazu. Route Royale • Mo–Sa 20–3 Uhr

⭐ **🔴 Pamplemousses Gardens** 📖 D 4

Die Gartenanlage aus dem Jahr 1729 ist ein Muss: Auf rund 93 ha wachsen herrliche exotische Pflanzen, die über die Jahre aus aller Welt zusammengetragen wurden. Über 500 Pflanzenarten gedeihen hier, darunter allein 80 Palmenarten. Vor allem Einheimische kommen gern zum Wochenend-Picknick in diesen wunderschönen Park. Beau Plan, Pamplemousses • tgl. 8.30–17.30 Uhr • Eintritt 300 Rs

Die Pamplemousses Gardens (▸ MERIAN TopTen, S. 62) sind berühmt für prächtige Pflanzen wie die riesigen Seerosen Victoria Regia oder die Talipot-Palmen.

MUSEEN

L'Aventure du Sucre 👫👤

Dieses Museum ist unbedingt sehenswert: Es gehört zu den modernsten Museen der Insel und auch zu den interessantesten – und zwar für die ganze Familie.

In dem Privatmuseum geht es nicht nur um die Zuckerherstellung, sondern auch die Geschichte der Insel wird anschaulich aufbereitet. Die Besucher erfahren viel über die ersten Siedler und vor allem über das Leben der Sklaven und deren harte Arbeit auf den Zuckerrohrfeldern.

Besonders beeindruckend ist die Größe der Maschinenanlagen, die zum Zerkleinern und Pressen des Zuckerrohrs notwendig waren. Einige Maschinenmodelle kann man selbst in Gang setzen, Schnittmodelle veranschaulichen deren Mechanik und in manche Kessel kann man sogar hineinklettern. Es gibt viele Gerätschaften zu bestaunen, und kundige Guides erklären alles rund um die Zuckerherstellung. Wer noch nach einem Souvenir sucht, sollte sich den Museumsshop ansehen. Neben den zwölf Zuckersorten, die hier hergestellt werden, kann man auch Rum in allen Varianten kaufen. Beau Plan, Pamplemousses, 300 m von Pamplemousses Gardens • www. aventuredusucre.com • tgl. 9–17, Führungen tgl. 11 und 14.30 Uhr • Eintritt 380 Rs, Kinder 190 Rs

ESSEN UND TRINKEN

Le Fangourin

Schöne Terrasse • Das Restaurant gehört zum Museum und bietet kleine Snacks wie geräucherten Marlin. Ein schöner Abschluss nach einem Museumsbesuch.
Beau Plan, Pamplemousses • www. aventuredusucre.com • tgl. 9–17 Uhr • €€

Der Osten

Der ruhige Osten trumpft mit wunderschönen Sandstränden auf. Wälder und Zuckerrohrfelder sorgen für das grüne Element; darüber streicht, mal mehr, mal weniger, unablässig der Wind.

◄ Die hübsche Île aux Cerfs (▶ S. 70) mit ihren Traumstränden ist ein äußerst beliebtes Ausflugsziel.

Der Norden

Port Louis

Der Osten

Der Westen

Der Süden

Dichte Ebenholzwälder, durch die selbst der Wind kaum ein Durchkommen hat, sanft geschwungene Hügel und eine wundervolle Küste mit weißem Sand – das fanden die Holländer vor 400 Jahren vor, als sie auf Mauritius landeten. Touristen, die heute hierher kommen, werden mit einem anderen Anblick konfrontiert. Heute ist der Osten von Mauritius mit Zuckerrohr überzogen. Es sind nur wenige Familien, die den Zuckerrohranbau unter sich aufteilen. Ein bisschen rauer ist es hier. Vor allem, wenn im Juli und August der Wind unaufhörlich bläst. Aber es ist auch etwas ruhiger als im Norden, die Hotels sind rarer, die Infrastruktur ist nicht ganz so perfekt. Dafür gibt es wundervolle Strände wie beispielsweise **Belle Mare** oder die etwas bekanntere Insel **Île aux Cerfs**. Aber als unheilbarer Romantiker sollten Sie sich von diesem Teil der Insel fernhalten: Die steife Brise lässt einen nur selten ein wirklich kuscheliges Strandleben führen. Noch dazu geht die Sonne bekanntlich im Westen unter …

Dennoch entdecken immer mehr Hoteliers auch diesen Abschnitt der Küste und bauen exklusive Häuser. Hier dürfen Besucher – außer Luxus – nur wenig erwarten. Außerhalb der Hotelanlagen gibt es so gut wie kein Amüsement und wenig Unterhaltung. Ein kleines bisschen mauritischen Alltag und ein wenig Tourismus findet man in der Bezirkshauptstadt **Centre de Flacq**. Hier und da eine Bank, das eine oder andere kleine Geschäft und zwei Einkaufszentren zeigen, dass die Menschen hier ein ganz normales, nur wenig touristisches Leben führen. Im Gegensatz zum gesamten Küstenstreifen von Roches Noires bis ungefähr Beau Champs: An diesem traumhaften Küstenstreifen stehen an den weißen Sandstränden exklusive Hotels, die ihre Gäste aufs Beste umsorgen, ihnen nahezu jeden Wunsch von den Augen ablesen. Es ist eine Urlaubsregion für Menschen, die eine perfekte Zeit in ihrem Ferienhotel verbringen, ein bisschen Wassersport betreiben oder sich auf dem frischen Grün der Golfplätze vergnügen möchten. Das echte mauritische Leben bekommt man hier nicht zu sehen.

Im Inland begeistern die **Montagne Bambous** mit dem 626 m hohen Bambou und dem 480 m hohen Lion Mountain im Naturreservat **Domaine du Chasseur** die Naturfreunde – ein Dorado für Spaziergänger. Folgt man den ausgezeichneten Wegen, gelangt man immer wieder zu grandiosen Aussichtspunkten.

Im Südosten – in **Anse Jonchée** bei **Vieux Grand Port** – wartet ein weiteres Natur-Highlight: die **Plantage de l'Ylang Ylang**. Hier kann man durch die Plantagen wandern und die Destillerie besichtigen, in der aus den Ylang-Ylang-Pflanzen das gleichnamige ätherische Öl gewonnen wird.

Die einzige größere Ortschaft im Osten ist **Mahébourg**, eine pittoreske kleine Stadt mit interessanten Märkten und Menschen; die einstige Hauptstadt der Insel liegt nahe dem Flughafen Sir Seewoosagur Ramgoolam International Airport, der umgangssprachlich Plaisance genannt wird.

Anse Jonchée   F 6

Der Ort selbst lohnt kaum einen Stopp; außerhalb gibt es dafür zwei reizvolle Ziele zu entdecken.

SEHENSWERTES
Domaine du Chasseur ♟♀

Ein herrliches Naturreservat, bestens geeignet zum Wandern und um die Natur zu genießen. Mit etwas Glück sehen Sie während einer geführten Wanderung durch dichten Wald und an Wasserfällen entlang Affen, Wildschweine, Java-Hirsche oder sogar den seltenen Kestrel-Falken.

Anschließend können Sie im Restaurant, das zur Domaine gehört, eines der schmackhaften Wildgerichte genießen. Das Beste an dem Lokal ist allerdings seine Lage. Wer will, kann in der Domaine du Chasseur auch übernachten.

2 km nordwestl. von Anse Jonchée • Tel. 6 34 50 11 • €€

Plantage de l'Ylang Ylang ♟♀

Es gibt wohl ein kaum vergleichbar betörendes Ziel auf Mauritius wie dieses, vier Kilometer südwestlich von Anse Jonchée. Wer sich dieser Plantage zur Blüte der rund 7000 Ylang-Ylang-Bäume zwischen Oktober und April nähert, sollte die Augen schließen und einfach nur genießen. Dieser nur in den Tropen vorkommende Baum – er wird auch »Parfümbaum« genannt – verströmt

einen herrlichen Duft, der die ganze Luft erfüllt. Wer sich ein bisschen in der Welt der Parfüms auskennt, wird diesen Duft schnell erkennen: Er ist Hauptbestandteil eines der bekanntesten Parfüms: Chanel N°5. Bereits Anfang der 1920er-Jahre kreierte die Modediva Coco Chanel den beliebten Duft, der noch heute aus den gelben Blüten des Ylang–Ylang-Baumes gewonnen wird.

Geerntet werden die Blüten in der Regel in den Monaten Januar und Februar von Hand. Mithilfe einer Dampfdestillation erhält man dann das begehrte Duftöl. Dass es sehr wertvoll ist, wird einem spätestens dann klar, wenn man hört, dass für nur einen Liter des Öls rund 50 Kilogramm Blüten benötigt werden. Das hat natürlich seinen Preis. Je nach Ernte und Qualität des Öls kostet ein Liter bis zu 1000 Euro.

Wer Lust hat, kann im Park und in einem kleinen, für Touristen angelegten Garten eine fachlich gute Führung mit Erklärungen zu den verschiedenen Pflanzen und dem Destillationsvorgang mitmachen.

4 km südwestl. von Anse Jonchée • Vieux Grand Port • Tel. 6 43 50 11 • tgl. 8.30–16 Uhr

Belle Mare   F 5

Bevor die Holländer an die raue Ostküste von Mauritius kamen, war das gesamte Gebiet von Flacq von einem dichten **Ebenholz**-Wald bewachsen. Doch nach und nach begannen die Siedler, die edlen Bäume zu fällen, um ihre Schiffe bauen zu können. Die Franzosen holzten nach den Holländern den Bestand weiter ab – bis nicht mehr ein einziger Baum stand. Heute befinden sich rund um Belle Mare und im Hinterland des schönsten Strandes der Insel nur noch landwirtschaftliche Flächen: **Zuckerrohr**, so weit das Auge reicht. Außerdem ist Flacq eines der wichtigsten Gebiete der **Kalkgewinnung**. Die Ostseite ist rauer als der Westen, nur selten findet man ein windstilles Plätzchen. Vor allem im Juli und August fegt ein strammer Wind über den langen **Strand** ⭐ und den kleinen Ort Belle Mare, der 1792 nach dem Kapitän Jean François de Belle Mare benannt wurde.

An diesem wunderschönen Fleckchen Erde treffen sich nicht nur Touristen. Auch die »oberen Zehntausend« von Mauritius kommen gern nach Belle Mare, um sich ein Wochenende voller Luxus zu gönnen. Dazu gehören natürlich Massagen und Schönheitsbehandlungen genauso wie ein Tennismatch oder ein Spiel auf dem Golfplatz.

Da die Küste nicht nur zu den Hotels und damit den Touristen oder betuchten Einheimischen gehört, gibt es auch zahlreiche öffentliche Bereiche, die Public Beaches. An den Wochentagen, zwischen Montag und Donnerstag, sind sie relativ ruhig und beschaulich. Erst am Wochenende beleben sie sich, werden zum Treffpunkt mauritischer Familien und Cliquen. Hier wird mit Autos, Bussen und überhaupt allem, was Räder hat, angereist, bepackt mit Picknick-Utensilien und kulinarischen Köstlichkeiten. Man hört gemeinsam Musik, manchmal wird getanzt, die Kinder spielen, und es werden die neusten Neuigkeiten untereinander ausgetauscht.

Zu den Top-Adressen zählt vor allem die Anlage One & Only Le Saint Géran (▸ S. 69). Die Einkaufsmöglichkeiten im gesamten Nordosten sind freilich

Im Naturreservat Domaine du Chasseur (▸ S. 66) kann man auf 30 km langen Wegen wandern, mit dem Mountainbike fahren oder einfach nur die Aussicht genießen.

Früher verband nur ein Deich den hinduistischen Tempel Sagar Shiv Mandir (▶ S. 68) mit dem Festland. Bei Flut schien der »Floating Temple« mitten im Ozean zu stehen.

nicht die besten. Für einen Bummel sollte man sich einen Wagen mieten und entweder nach Mahébourg fahren oder sich gleich in die Hauptstadt Port Louis aufmachen.

SEHENSWERTES

Sagar Shiv Mandir   📖 F 4

Der indische Tempel bei Poste de Flacq wurde auf einer winzigen Insel, der Île aux Goyaviers, erbaut. Heute kann man über eine schmale Brücke zum Kashinath Mandir, wie er auch genannt wird, gelangen. Der Tempel selbst gehört zu den schönsten hindu-

istischen Heiligtümern auf Mauritius. Er wirkt fast zart in seinem hellen, rein weißen Antlitz zwischen den Mangroven. In kleinen Schreinen kann man bunte Statuetten sehen – allesamt Götter des hinduistischen Glaubens. Der Tempel wurde erst im Jahr 2007 für einen der wichtigsten Götter des Hinduismus errichtet: Shiva. Zu sehen sind auch sein Reittier Nandi – er bewacht den Tempel – und seine Gattin Parvati. Allen Göttern werden von den Besuchern Opfergaben gereicht. Sollten Sie den Tempel besuchen, nehmen Sie bitte

Rücksicht auf die Gläubigen. Das Innere des Tempels darf nicht mit Schuhen betreten werden, und Sie sollten auf das Fotografieren verzichten.
Île aux Goyaviers, Poste de Flacq, 3 km nördl. von Belle Mare

ÜBERNACHTEN

One & Only Le Saint Géran 👶👤

Pure Pracht • Luxus im Kolonialstil direkt am Strand.
Poste de Flacq, 4 km nördl. von Belle Mare • Tel. 4 01 18 88 • www.one andonlyresorts.com • 175 Zimmer • €€€€

The Residence

Sehenswert • Eines der schönsten Häuser auf Mauritius – und eines der teuersten. Das Traumhotel bietet wahrhaft atemberaubenden Luxus und liegt am kilometerlangen weißen Sandstrand. Das Haus und der Service sind perfekt bis ins Detail – wobei leider bei allem Perfektionismus die ehrliche Herzlichkeit etwas auf der Strecke bleibt.
Route Côtière, Belle Mare • Tel. 4 01 88 88 • www.cenizaro.com/the residence/mauritius • 135 Zimmer, 28 Suiten • €€€€

Constance Belle Mare Plage

Ideal für Sportler • Schöne Anlage mit allen Wassersportmöglichkeiten sowie Golf und Tennis.
Poste de Flacq, 3 km nördl. von Belle Mare • Tel. 4 02 26 00 • www.constancehotels.com • 92 Zimmer, 102 Suiten, 21 Villen • €€€

La Palmeraie

Herrliche Lage • Das empfehlenswerte Hotel liegt direkt am Strand und verfügt über einen schönen Garten und einen neuen Spa-Bereich

für alle traditionellen Behandlungen. Großes Sportangebot.
Route Côtière, Trou d'Eau Douce, 7 km südl. von Belle Mare • Tel. 2 96 10 00 • www.concierge-hotels.com • 60 Zimmer • €€€

Le Touessrok

Ideal für Hochzeitsreisende • Eines der beliebtesten Häuser bei Hochzeitsreisenden. Mitglied der Leading Hotels of the World. Von hier starten die Fähren auf die Île aux Cerfs.
Trou d'Eau Douce, 7 km südl. von Belle Mare • Tel. 4 02 74 00 • www.shangri-la.com • 200 Zimmer • €€€

Èmeraude Beach Attitude 👶👤

Familiäre Atmosphäre • Das findet man auf Mauritius selten: Ein Angebot für Familien mit kleinen Kindern und einen Babysitter-Service. Man wird vom herzlichen Personal bestens umsorgt, das Essen ist gut, die Preise moderat.
Route Royale, Belle Mare • Tel. 2 04 38 00 • www.emeraudebeach-hotel-mauritius.com • 61 Zimmer • €€

ESSEN UND TRINKEN

Chez Manuel

Gutes Preis-Leistungs-Verhältnis • Authentische chinesische Küche und hervorragendes Seafood, leider weitab im Inselinneren gelegen. Spezialität: Schwein in Honig.
St-Julien d'Hotman, 20 km westl. von Belle Mare • Tel. 4 18 35 99 • Mo–Sa mittags und abends • €€

Chez Tino

Essen wie die Einheimischen • Unverfälschte kreolische Küche.
Trou d'Eau Douce, 6 km südl. von Belle Mare • Tel. 4 19 27 69 • Mo–Sa ab 18 Uhr • €€

Symon's Restaurant

Bester Fisch • Chinesische und kreolische Küche in schönster Atmosphäre. Die Fische, die hier auf den Teller kommen, wurden alle morgens in der Lagune gefangen.
Route Royale, Pointe de Flacq • Tel. 4 15 11 35 • Mo–Sa 11–22 Uhr • €

Île aux Cerfs ♟♟   📖 F 5/6

Lange Jahre war die Insel ein absoluter Geheimtipp, vor allem wegen der wunderschönen, einsamen Sandstrände, der himmlischen Ruhe und dem überwältigenden Blick auf die Berge und den Indischen Ozean.

Doch irgendwann hatte ein Tourismusmanager die Idee, genau dieses Idyll zu vermarkten: Es entstanden kleine Strandlokale, Souvenirläden und diverse andere Annehmlichkeiten für die Touristen. Natürlich ist die Île aux Cerfs, die »Insel der Hirsche«, noch immer wundervoll, der Blick auf Ozean und Berge noch immer beeindruckend. Auch zum Baden und Sonnen für Familien mit kleinen Kindern eignet sie sich gut – nur ist es halt nicht mehr so ruhig hier. Einsamkeit sucht man vergebens. Aber ein Aufenthalt lohnt sich dennoch in jedem Fall.

Die Insel ist nur mit dem Boot vom Hotel Le Touessrok (▸ S. 69) aus zu erreichen. Vor allem für Kinder sind die langen, flach abfallenden Sandstrände ideal: Das Wasser ist glasklar und warm. Es gibt zahlreiche Wassersportangebote, einen Golfplatz und zwei Restaurants.

Mahébourg   📖 E 7

Das einstige Fischerdorf fasziniert durch seine alten, oft schon windschiefen Häuser und den bunten Markt. Und durch seine Geschichte:

Mahébourg entstand im frühen 19. Jh.; aber erst die Briten sorgten – nach einer erbitterten Seeschlacht mit den Franzosen – dafür, dass Mahébourg an Bedeutung gewann: Sie bauten eine Bahnverbindung von Mahébourg nach Port Louis. Die Haupteinnahmequelle von Mahébourg ist heute der Tourismus.

Dass die kleine Stadt im Süden bei den Touristen so beliebt ist, liegt vielleicht an ihrem ganz eigenen Charme. Der ist etwas morbid, mit dem Stolz einer einstigen Hauptstadt gemischt. Auch die Einwohner selbst gelten als stolz und sind vielleicht nicht ganz so offen wie die Menschen im Norden von Mauritius. Wer die vor zwei Jahrhunderten von Malaria geplagte Stadt erkunden möchte, sollte dies zu Fuß tun. Schön sind die alten, teilweise etwas windschiefen Kolonialhäuser, die schmalen Gassen und der Marché Central mit seinem Angebot an Obst und Gemüse. Ganz neu gestaltet hingegen ist die Uferpromenade, auf der man gut flanieren und auf die gegenüberliegende Insel Mouchoir Rouge schauen kann.

In Mahébourg kann man auch noch altes Handwerk entdecken: Segelmacher und Bootsbauer, aktive Fischer und Bäcker. Natürlich finden Sie hier auch Modellschiffbauer.

MUSEEN

9 Musée Nautique ♟♟

Viel Liebe haben die Mauritier investiert, als sie das alte Kolonialhaus originalgetreu restaurierten. Außer der alten Kanone vor dem Haus gibt es alte Seekarten, Schlachtanordnungen und Schiffsbüsten, Möbel aus der Kolonialzeit und Informationen zur Geschichte der Blauen Mauritius.

Auf den traditionellen Märkten, wie hier in Mahébourg (▶ S. 70), verführen bunte, kräftige Farben und allerlei Wohlgerüche zum Kauf.

Am Ortsausgang an der Route Royale, Mahébourg • Mo, Mi–Sa 9–16, So 9–12 Uhr • Eintritt frei

ÜBERNACHTEN
Le Preskil Beach Resort
Hervorragender Service • Traumhafte Anlage im tropischen Garten mit gutem Sportangebot. Hervorragend: vier Restaurants und Bars mit nach Tageszeit wechselnden Gerichten. Massagen und Entspannung finden sich im Spa. Kinder können betreut werden.
Blue Bay, Pointe Jerome, 5 km südl. von Mahébourg • Tel. 6 04 10 00 • www.lepreskil.com • 156 Zimmer • €€€

ESSEN UND TRINKEN
Chez Patrick
Traditionell mauritisch • Vor allem bei Einheimischen ist dieses Restaurant beliebt, was bekanntlich ein untrügliches Zeichen für echte Küche

ist. Besonders zu empfehlen ist hier das traditionell geschmorte Cari de Poulet. Auch zum Mitnehmen.
Route Royale, Mahébourg • Tel. 6 31 92 98 • tgl. 11.30–15 und 18–22 Uhr • €€

Les Copains d'Abord
Nette Atmosphäre • Vor allem Meeresfrüchte und Wild werden hier zubereitet. Reservierung erwünscht.
Rue Shivananda, Mahébourg • Tel. 6 31 97 28 • tgl. 10–15 und 18–22.30 Uhr • €€

Pyramide Snack
Üppiges Street Food • Wer mittags Hunger hat, isst hier genau richtig! Besonders delikat ist das Biryani. In der hiesigen Variante ein Eintopfgericht mit Reis, Huhn und besten Gewürzen – vor allem Curry.
Rue Labourdonnais, Mahébourg • Mo–Fr 9.30–16 Uhr, Sa, So geschl. • €

FotoTipp

MAHÉBOURG

Pittoreske, besonders stimmungsvolle Fotos können Sie in Mahébourg an den Ufern des Flusses Rivière de la Chaux machen. Hier stehen viele alte Häuser. Achten Sie auf den Sonnenstand! Mit Schattenwurf sehen die Bilder noch interessanter aus. ▶ S. 70

EINKAUFEN

Biscuiterie H. Rault 👥

Sie sind einzigartig, nicht nur auf Mauritius, auch auf dem gesamten afrikanischen Kontinent: die mauritischen Kekse mit Maniok-Füllung. Seit 1870 werden sie auf der Insel hergestellt. Aber das exakte Rezept für die süßen Köstlichkeiten ist geheim. Niemand kennt es, abgesehen von der inzwischen weit über 80-jährigen Thérèse Sénèque. Sie hütet das Geheimnis wie einen Schatz – wie schon alle Familienmitglieder vor ihr. Seit vier Generationen ist die Keksfabrik in der Hand einer Familie. Mittlerweile kann man sie auch besichtigen und bei der Keksherstellung zuschauen. Und natürlich alles probieren – Kekse mit Maniok-Füllung, mit Schokolade, Zimt oder Kokosnuss. Zu kaufen gibt es sie zwar in vielen Geschäften auf der Insel, aber hier, frisch zubereitet, schmecken sie einfach am besten.

Ville Noire, Mahébourg • Tel. 6 319 55 9 • www.biscuitmanioc.com • telefonische Anmeldung erforderlich

SERVICE
BANKEN

Die meisten Banken liegen an der Route Royale (Richtung Flughafen).

BUSVERBINDUNGEN

Vom Marktplatz aus fahren regelmäßig Busse in Richtung Curepipe, Port Louis, Quatre Bornes (Umsteigen in Curepipe), Grand Baie (Umsteigen in Port Louis) und Blue Bay.

Darüber hinaus verkehren Expressbusse in Richtung Flughafen (ohne Umsteigen) und ebenfalls nach Curepipe und Port Louis. Tickets erhalten Sie im Bus.

Ziele in der Umgebung
◎ Île aux Aigrettes 🌿 👥

📖 F 7

Das Eiland östlich von Mahébourg ist ein einzigartiges Fleckchen Erde. Auf der nur 25 ha kleinen Insel zeigt sich die Vegetation so, wie sie einst auf der gesamten Insel Mauritius vorherrschend war. Schaut man sich hier um, weiß man, wie es vor vielen Hundert Jahren auf Mauritius war, wie die Heimat des jetzt ausgestorbenen, flugunfähigen Dodos ausgesehen hat. Seit vielen Jahren ist diese Insel Naturreserve. Wer hier nach einer kurzen Bootsfahrt anlandet, kommt selten aus dem Staunen heraus: Herrliche Bäume mit wundersamen Namen wie Ochsen- oder Rattenbaum. Geckos und Schildkröten kreuzen den Weg, Blumen blühen in den kräftigsten Farben und duften ganz anders, als man es aus Europa gewöhnt ist. Eine geführte Tour auf speziell angelegten Wegen durch den Urwald dauert bis zu eineinhalb Stunden. Auf eigene Faust ist es nicht möglich, die Insel zu durchstreifen. Wer im Besucherzentrum ein Souvenir kauft, unterstützt den Erhalt dieses Naturreservates!

Info und Buchung Tel. 6 31 23 96 • www.mauritian-wildlife.org • Abfahrt der Boote zur Insel vom Hafen in

Mahébourg, p. P. 800 Rs, Kinder
400 Rs, Mo–Sa 9.30, 10, 10.30,
13.30, 14.30, So 9.30 und 10 Uhr

Trou d'Eau Douce   F 5

Das kleine Fischerdorf ist architektonisch nur wenig interessant. Es hat
keinen wirklichen Ortskern und liegt
inmitten sich im Wind wiegender
Zuckerrohrpflanzen. Die meisten der
Einwohner gehen unter der Woche
ihrem Beruf nach – sie fischen oder
ernten Austern –, aber richtig Geld
verdienen sie dann am Wochenende,
wenn sie mit ihren Booten die zahlreichen Besucher zur Île aux Cerfs
übersetzen.

ESSEN UND TRINKEN
Le Café des Arts

Geheimtipp • Lohnenswert ist ein
Besuch des Künstlercafés in der alten
Zuckerrohrfabrik. Hervorragendes
Essen, manchmal mit Livemusik. Ob
Ihnen nun der Sinn nach Fisch und
Meeresfrüchten oder einem Angus-
Rind steht – die Speisekarte ist sehr
umfangreich. Sehr köstlich ist das
indische Hühner-Curry. Reservie-
rung unbedingt erforderlich.
Old Sugar Mill, Victoria 1840 • Tel.
4 80 02 20 • www.lecafedesarts.
restaurant.mu • tgl. 18–22 Uhr • €€€

Le Val Nature Park   E 7

Viel Ruhe an Bächen und Teichen –
ein faszinierendes Stück mauritische
Natur. Wer will, kann sich aus den
Teichen seine Mahlzeit selbst angeln;
es gibt Aale und Karpfen. Außerdem
leben in diesem Park (Eintritt 100 Rs)
auch die berühmten **Riesenschildkröten**. Leider ist der Park nicht immer besonders gut gepflegt, und es
finden sich hier und da Müllreste. Im
Restaurant (Tel. 6 31 90 51, tgl. 10.30–
17 Uhr, So Büfett €€€) wird nur mit
eigenen Produkten gekocht.

Seit 140 Jahren hütet die Familie Rault-Sénèque das Rezept ihrer beliebten Maniok-
Kekse. Deren Herstellung wird in der Biscuiterie H. Rault (▶ S. 72) aber gezeigt.

Der Süden

Der Süden ist rau und zum Baden nicht immer geeignet, die Szenerie hingegen atemberaubend: Schwarzer Basalt, grünes Zuckerrohr und der blaue Ozean stehen in reizvollem Kontrast.

◄ Die Bois Chéri Tea Factory (▸ S. 76) bietet als einzige der Insel Führungen über die gesamte Plantage.

Der Süden der Insel hat nur wenige Badestrände im klassischen Sinne zu bieten. An einigen Küstenabschnitten ist das Baden sogar lebensgefährlich. So finden Sie auch kaum Hotels, kaum Infrastruktur, kaum größere Ortschaften. Aber die Landschaft ist einfach atemberaubend: Schwarze Basaltsteine heben sich schroff von grünem Zuckerrohr ab, große Wellen rollen mit aller Macht an die raue Küste … Im Süden von Mauritius finden Sie eine spektakuläre Natur voller Kontraste: beispielsweise die romantische Bucht **Blue Bay**, den Ort **Le Souffleur**, an dessen Küste ein Loch im Basaltgestein das Wasser wie eine Fontäne hochschießen lässt, oder die wilde Steilküste bei **Le Gris Gris** mit dem **La Roche qui Pleure**, dem »Felsen, der weint«. Der Name bezieht sich auf die »seufzenden« Geräusche, die entstehen, wenn sich die Brandung an den Basaltfelsen bricht.

Etwas weiter im Landesinneren liegt **Senneville** mit dem **La Vanille Nature Park**. Hier werden rund 2000 Nilkrokodile gezüchtet – und auch verarbeitet, zu Taschen, Gürteln und dergleichen. Daneben gibt es Affen, Schildkröten, Leguane, Flughunde, Hirsche und Wildschweine, die ebenfalls in dem Park zu Hause sind. Die Fütterung der Krokodile findet täglich um 11.30 Uhr statt.

Wunderschön anzusehen sind die **Rochester Falls** nördlich von **Souillac**, die 10 m über Basaltgestein in die Tiefe stürzen. Und nicht zuletzt sind es die kleinen, ruhigen Fischerorte wie **Baie du Cap** mit nichts weiter als ein paar Geschäften, einer Post und vielleicht noch einer Schule, die den Süden der Insel so anziehend machen – zumindest für die Entdeckernaturen.

Wenn Sie sich ein bisschen Zeit nehmen, können Sie hier im Süden vieles entdecken, was es sonst auf Mauritius nicht mehr zu finden gibt: z. B. viele Tierarten wie die rosafarbene Taube oder den Mauritius-Falken. In den Süden haben sich auch jene Tiere zurückgezogen, die einst von Seefahrern hier ausgesetzt wurden: die Java-Hirsche und ehemalige Hausschweine, die inzwischen im wahrsten Sinne zu Wild-Schweinen wurden.

✦ 10 Le Gris Gris / La Roche qui Pleure   ▮▮ D 8

Stellen Sie sich einfach hin, lassen Sie sich kräftig durchpusten und atmen Sie die traumhafte Seeluft. Bei **Le Gris Gris** könnte man meinen, man sei an die Küste Schottlands geraten, wenn man am Ufer steht und zusieht, wie das Meer mit Macht an die Küste rollt.

Manchmal, wenn die See hoch genug ist, gibt der **Roche qui Pleure**, der »Felsen, der weint«, seltsame, tatsächlich fast jammernde oder weinende Geräusche von sich.

Souillac, ab Ortsmitte ausgeschildert

📷 FotoTipp

ROCHESTER FALLS

Mit einer Spiegelreflexkamera können Sie spektakuläre Aufnahmen der Jugendlichen machen, die sich von den Klippen stürzen. Oder Sie verlängern die Belichtungszeit und lassen die Wasserfälle zu einem Nebel werden – am besten mit Stativ. ▶ S. 78

Riambel　　📖 C 8

Vielleicht gehört der Strand von Riambel zu den ursprünglichsten und schönsten der südlichen Insel. Von Montag bis Donnerstag trifft man hier fast niemanden. Nur hier und da sitzt jemand im weißen Sand und meditiert – an diesem Strand sei, so sagen Esoteriker, ein Kraftort mit besonders viel Energie. Ob mit oder ohne Energiewirbel – dieser Strand ist einfach wunderschön, das Meer türkisfarben und warm. Aber nehmen Sie sich in Acht, es birgt gefährliche Strömungen.

ESSEN UND TRINKEN
Green Palm

Indische Küche • Frische Zutaten und eine liebevolle Zubereitung machen dieses Restaurant aus. Achtung: Die Küche ist original indisch und einige Gerichte können durchaus scharf sein! Haben Sie nach der Bestellung ein wenig Geduld, es wird alles frisch zubereitet.
Route Côtière • Tel. 6 25 81 00 • tgl. 11.30–15.30 und 18.30–22 Uhr • €€

Rivière des Anguilles　　📖 D 8

Der Ort wurde nach dem gleichnamigen westlich gelegenen Fluss benannt. Man erreicht ihn über die Brücke, die den Blick in eine karge Schlucht freigibt. Am Wochenende kommen viele Mauritier hierher, um auf dem kleinen Markt frisches Obst und Gemüse einzukaufen.

SEHENSWERTES
Bois Chéri Tea Factory

Eine sattgrüne, feinhügelige Landschaft, die nach winterlichen Regenfällen gerne mal im Nebel versinkt, finden Sie nördlich von Rivière des Anguilles. Hier wird seit vielen Jahrzehnten Tee angebaut. Die Briten wollten einst nicht auf ihr Lieblingsgetränk verzichten und kultivierten die Pflanze auf der Insel. Während der gesamten Wuchszeit sieht man immer wieder Frauen auf den Feldern, denn die Teeblätter können alle ein bis zwei Wochen geerntet werden, von Hand. Man rechnet, dass 8 kg Blätter für ca. 1 kg Schwarztee benötigt werden. Der gepflückte Tee wird in Bois Chéri weiterverarbeitet.
Den gesamten Herstellungsprozess kann man sich fachkundig während einer Führung durch die Teeplantage und die Fabrik erklären lassen. Anschließend gibt es eine Teeprobe, im Shop der Anlage kann man den Tee auch kaufen.
Bois Chéri, ca. 12 km nördlich von Rivière des Anguilles • Mo–Fr 8.30–16, Sa 8.30–13 Uhr • Eintritt 400 Rs, Kinder 200 Rs

Ziele in der Umgebung
◎ **La Vanille Nature Park** 👫

▶ Familientipps, S. 41

ÜBERNACHTEN
Andrea Lodges

Schöne Ferienhäuser • Weit ab vom üblichen Touristentrubel wohnen Sie in einem der zehn schön ausgestatteten Ferienhäuser und können Ruhe und Natur genießen. Ca. 4 km westlich von St. Aubin liegt die kleine Anlage. Auf Wunsch können Sie von hier aus kleine Ausflüge z. B. nach Le Gris Gris oder den Rochester Falls buchen. Zu der Anlage gehören ein Pool und ein Restaurant.

Rivière des Anguilles • Tel. 54 710 55 55 • www.andrea-lodge.com • 10 Ferienhäuser • €€

Rivière des Galets 📖 C 8

Der kleine Ort südlich von Chemin Grenier an der Mündung des gleichnamigen Flusses ist für seinen außergewöhnlichen Strand bekannt. Über Jahrhunderte spülte der Fluss dunkle Kieselsteine an die Küste, von den Wellen wurden sie glatt geschliffen. Einen Badeplatz bietet Rivière des Galet zwar nicht, dafür jedoch einen herrlichen Ort für ein ausgedehntes Picknick.

ÜBERNACHTEN

🍃 **Hotel Shanti Maurice** 🍴👤

Beste Familienferien • Inmitten tropischer Gärten an der noch fast unberührten Südküste der Insel, auf einem Areal von über 14 ha, liegen verstreut 61 Suiten und Villen – gebaut im mauritischen bzw. afrikanischen Stil: Das Shanti Maurice möchte Gästen die Kultur der Insel mit ihren vielen Einflüssen vermitteln – nicht nur im Wohnbereich. Die Restaurants verwenden hauptsächlich Lebensmittel von den Bauern aus der Umgebung, die Fische stammen von mauritischen Fischern, Gemüse und Kräuter aus dem hoteleigenen Garten. Darüber hinaus werden fast ausschließlich mauritische Mitarbeiter beschäftigt.

Geradezu perfekt ist das Nira Spa des Hauses. Hier kann man traditionelle Ayurveda-Anwendungen genießen. Für die Pflegeprodukte des Spas wer-

Die Rochester Falls (▶ S. 78) bieten nicht nur einen außerordentlich hübschen Anblick, sie laden auch Einheimische und Touristen zur Erfrischung ein.

den afrikanische Pflanzen verwendet – ohne Zusatzstoffe. Neben den klassischen Angeboten des Hotels, wie Wassersport oder Golf, werden für die Gäste Ausflüge in die Natur und die Kulturgeschichte der Insel organisiert. Es gibt auch besondere Angebote für Familien mit Kindern.
Chemin Grenier, Rivière des Galets • Tel. 6 03 72 00 • www.shantimaurice.com • 61 Suiten und Villen • €€€

ESSEN UND TRINKEN

Pebbles

Leichte Küche • Mauritisch und international mit indischen Akzenten, auch Wellness-Küche, in netter Atmosphäre. Unbedingt reservieren! Gäste, die spontan in das Hauptrestaurant des Shanti Maurice kommen, haben leider keine Chance.
Chemin Grenier, Rivière des Galets • Tel. 6 03 72 00 • ganztägig geöffnet • €€€

Rochester Falls 👫👤   📖 C/D 8

Etwa 4 km von Souillac entfernt liegen die 10 m hohen Wasserfälle des Flusses Savanne. Die schöne Naturszenerie zieht nicht nur Urlauber an. Vor allem junge Mauritier nutzen den Sprungturm der Natur, um sich in die Fluten zu stürzen – und verlangen dafür nicht selten einen hohen Obolus. Wegen oft aufdringlicher »Parkwächter« und der Anreise über die unbefestigte Straße ist eine geführte Tour ratsam.
Ca. 4 km nördl. von Souillac

Souillac 👫👤   📖 D 8

Der französische François Vicomte de Souillac, Gouverneur auf Mauritius von 1779 bis 1787, Namensgeber des Fischerdorfs, sorgte dafür, dass der im Hinterland angebaute Zucker, der Indigo, zahlreiche Gewürze und Holz zum Weiterverkauf nach Mahébourg und Port Louis geschafft wurden.

Einst wurde hier Vanille kultiviert, heute leben im Vanille Nature Park (▸ S. 41) neben 2000 Krokodilen auch Affen, Hirsche und Seychellen-Riesenschildkröten.

Heute ist Souillac ein verträumter Ort, fast eine kleine Stadt, und für die Mauritier einer der beliebtesten Picknickorte; vor allem unter den Mandelbäumen der Telfair Gardens sitzt man romantisch. Schön ist auch die kleine Strandpromenade. Vom Park kann man über das Hügelland und den Montagne Savanne blicken.

In Souillac lebte und starb der bekannteste englischsprachige Dichter von Mauritius, Robert Edward Hart, in einem Haus, ganz aus Korallenstein.

MUSEEN

Robert Edward Hart Museum

Robert Edward Hart, 1891 in Port Louis geboren, war einer der wichtigsten Literaten von Mauritius. Er wurde als Sohn eines Iren und einer franko-mauritischen Mutter geboren und katholisch erzogen. Je älter er wurde, desto mehr beschäftigte er sich jedoch mit dem hinduistischen Glauben und fühlte sich von der indischen Spiritualität deutlich mehr inspiriert als vom Katholizismus.

Er arbeitete zunächst als Journalist und als Angestellter in der Bücherei des Mauritius Institute. Diese nicht allzu zeitraubende Beschäftigung ließ ihm viel Zeit für sein literarisches Interesse. Er begann, Gedichte und Romane zu schreiben – einige in englischer, den Großteil jedoch in französischer Sprache –, für die er später von der Académie Française ausgezeichnet wurde. Sein erstes Werk veröffentlichte er im Jahre 1912.

Seine Gedichte zeichnen ein wunderschönes Bild der Landschaft der Südküste und sind eine Hommage an die Vielfalt der Kulturen von Mauritius. Geliebt wurden seine Gedichte nicht nur von den Mauritiern. Auch in Frankreich und England verehrte man Hart für seine Poesie, die ihm hohe Auszeichnungen einbrachte.

Das einfache Haus des mauritischen Poeten, die Maison de Corail, bauten ihm einst Gönner. Er starb dort im Alter von 63 Jahren. Seit 1967 beherbergt es ein Museum, das eine Ausstellung mit Kopien und Originalen seiner Briefe, Reden und Gedichte sowie seine Geige, Schreibmaschine und Brille zeigt. Das Schlafzimmer und die Küche sind erhalten.
Autard Street, Souillac • Tel. 6 34 43 19 • Mo–Sa 9–16 Uhr, Di, So geschl. • Eintritt frei

ESSEN UND TRINKEN

Le Rochester Restaurant

Authentische Küche • Man wird nicht nur zuvorkommend und freundlich bedient. Man sitzt auch hervorragend inmitten der Natur und kann eine authentische, chinesisch inspirierte Inselküche genießen.
Route Royale, Souillac • Tel. 6 25 41 80 • Mi–Mo 12–15 und 18–21, Di 12–15 Uhr • €€

Chez Rosy

Geheimtipp • Wer hier isst, wird gleich auf mehrere Arten beglückt: Die Bedienung ist herzlich, das Essen ausgezeichnet und die Preise sehr niedrig. Lassen Sie sich nicht von der einen oder anderen Spinne im Restaurant abschrecken. Das Essen ist sehr lecker, vor allem hausgemachte Currys und Meeresfrüchte.
Rue Savanne, Souillac • Tel. 6 25 41 79 • tgl. 11–14.30 Uhr • €

SERVICE

Bus

Im Zentrum von Souillac starten Busse in Richtung Curepipe, Mahébourg, Baie du Cap und Port Louis.

Der Westen

Der Westen von Mauritius ist abwechslungsreich. Mit seinen spektakulären Nationalparks, Naturwundern und weißen Stränden bietet er etwas für jeden Geschmack.

◄ Wie der Name es sagt: Die Terres des Couleurs (► S. 82), die farbigen Erden, funkeln in der Sonne überwältigend bunt.

Der südlichste Punkt der Westküste von Mauritius ist die kleine Halbinsel **Le Morne**. 45 km sind es von hier bis in die Hauptstadt Port Louis. Eigentlich nicht viel, aber es ist doch eine recht lange Fahrt mit dem Auto, allerdings eine wunderschöne und lohnenswerte entlang der Küstenstraße B 9 (später A 3). Immer wieder trifft man hier auf Salinen, die den Salzbedarf der Insel decken. Le Morne mit dem 556 m hohen Berg **Le Morne Brabant** ist übrigens auch der westlichste Punkt der Insel. Hier finden Sie nur wenige Hotels und schöne seichte Strände – gerade deshalb ist der Ort ein idealer Ausgangspunkt für viele schöne Ausflüge in die Natur.

So ist z. B. ein Abstecher in das Inselinnere lohnenswert: Der landschaftlich abwechslungsreiche **Parc National Gorges de la Rivière Noire** erlaubt spektakuläre Blicke in schroffe Schluchten, die Sie – wenn Sie Glück haben – mit neugierigen Affen teilen können. Aber Achtung: Die Tiere lieben es, an Ihren Lunchpaketen zu naschen. Dabei werden sie häufig etwas dreist, wenn nicht sogar aggressiv. Ein einfacher Spazierstock kann helfen.

Der Nationalpark, übrigens der erste auf Mauritius, erstreckt sich auf einem rund 65 km² großen Gelände. Entlang der etwa 60 km Wanderwege finden Sie noch Teile des Urwaldes und zahlreiche typische Tierarten wie die Pink Pigeon, die rosa Taube. Eine wunderschöne Gegend für Spaziergänge, Wander- und Mountainbiketouren oder für ein ruhiges Picknick.

Ein weiterer Ausflug geht nach **Chamarel** mit dem **Chamarel Waterfall** und den **Terres des Couleurs**. Antoine de Chamarel brachte im 18. Jh. Kaffee, Pfeffer und Vanille nach Mauritius. Kaffee wird in dieser Gegend übrigens auch heute noch angebaut. Die Terres des Couleurs wurden in den 1960er-Jahren zu einer Touristenattraktion. Das vegetationslose Stück Erde schimmert besonders bei Sonnenuntergang in verschiedenen Farbtönen. Die Ursache hierfür ist noch nicht eindeutig geklärt. Eine Theorie besagt, die Farben würden durch Oxidation unterschiedlicher Minerale und Metalle in der Erde hervorgerufen. Sie können es mit den vielen anderen Urlaubern erleben, die versuchen, das Phänomen im Bild festzuhalten. Der 90 m hohe **Wasserfall von Chamarel** ist nicht weit von den Terres des Couleurs entfernt.

Wer zwischendurch Sehnsucht nach Trubel hat, fährt nach **Curepipe**, eine Stadt mit 79 000 Einwohnern. Sie ist mit 550 m die höchstgelegene Stadt der Insel, was sie vor allem in klimatischer Hinsicht angenehm macht. Es ist immer etwas kühler hier, eine leichte Brise weht; allerdings fällt auch der meiste Regen. Die Mauritier in Curepipe behaupten, sie hätten zwei Jahreszeiten: die »Regenzeit« und die »Zeit des Regens«.

Wer beschließt, im Westen der Insel seinen Urlaub zu verbringen, findet hier viele Hotels und jede Menge Nightlife, so beispielsweise in dem kleinen Ort **Flic en Flac**. Das Klima ist milder, der Wind sanfter als im Osten. Dazu locken herrliche Strände, gute Bedingungen zum Hochseefischen und nicht zuletzt eine wunderschöne Landschaft im Hinterland.

 ⭐ **MERIAN Tipp**

PAUL UND VIRGINIE   ▶ S. 85, C 2

Überall begegnet man dem tragischen Liebespaar Paul und Virginie. Ein schönes Denkmal steht in Curepipe. Der schicksalsschwere Roman des Autors de Saint-Pierre spielt auf Mauritius – unbedingt lesenswert.   ▶ S. 17

Chamarel   📖 B 7

Durch eine traumhafte Landschaft führt eine kleine Straße von Grande Case Noyale zu den **Terres des Couleurs**, den »farbigen Erden«, von Chamarel und zu den gleichnamigen Wasserfällen. Das Wunderwerk der Natur ist durch Vulkane entstanden und verdankt seine verschieden schimmernden Farben wahrscheinlich der Mineraloxidation. Dass dieses Fleckchen Erde tatsächlich in verschiedensten Farbnuancen schimmert, sieht man leider nicht immer gleich gut. Am besten aber, wenn die Sonne scheint. Die farbige Erde ist eine der Hauptattraktionen der Insel. Jeder kennt sie, jeder muss einmal dort gewesen sein. Die große Popularität hat natürlich ihre Konsequenzen: Zu Stoßzeiten kommen unzählige Touristenbusse angefahren, aus denen Besucher quellen, die sich in Richtung Attraktion bewegen. Die Zeiten, in denen man nur zu Fuß dorthin gelangte, häufig allein vor dem Fleckchen bunter Erde stand und voller Bewunderung versuchte, das eine oder andere stimmungsvolle Foto zu machen, sind vorbei. Heutzutage findet man eine gut ausgebaute touristische Infrastruktur vor.

Sehr sehenswert sind die kleinen **Wasserfälle**, die ebenfalls zum Park in Chamarel gehören. 90 m tief stürzt das Wasser in zwei Strömen ins Tal. Über einen schmalen Pfad kann man hinabsteigen.

Nach dem optischen ein sinnliches Erlebnis: die Rumdestillerie ganz in der Nähe der Terres des Couleurs. In der baulich sehr gelungenen Destille, der **Rhumerie de Chamarel**, werden verschiedene Rumsorten aus ökologisch angebautem Zuckerrohr hergestellt. Die Destille kann besichtigt, der Rum verköstigt werden. Dazu gehören ein Restaurant und ein Shop, in dem Rum, Kunsthandwerk und Designerkleidung angeboten werden.
Route Royale, Rhumerie de Chamarel • www.rhumeriedechamarel.com • Mo–Sa 9.30–17.30 Uhr

SEHENSWERTES
Curious Corner of Chamarel 👫

In diesem wunderbaren Haus der Illusionen ist nichts so, wie Sie es kennen: Optische Tricks fordern all Ihre Sinne, Sie laufen über Kopf an der Zimmerdecke entlang, Ihre Kinder sind plötzlich größer als Sie … Ein Spaß für die ganze Familie, nicht nur an Regentagen. Zu dem Haus gehören außerdem noch ein nettes Café und ein kleiner Souvenirshop.
Route Royale • www.curiouscorner ofchamarel.com • tgl. 9.30–17 Uhr • Eintritt 275 Rs, Kinder 150 Rs

ÜBERNACHTEN

Lakaz Chamarel

Edle Öko-Lodge • Im Lakaz wohnt man in edlen Lodges mit allem Komfort inmitten eines schön angelegten tropischen Gartens. Hier lässt es sich wunderbar entspannen. Mit Wellness-Programm.

Piton Canot • Tel. 4 83 42 40 • www. lakazchamarel.com • 20 Lodges • €€

ESSEN UND TRINKEN

🌿 **L'Alchimiste**

Gehobene Küche • Im Alchimisten, einem hervorragenden Restaurant, das zur Rhumerie de Chamarel gehört, zaubern die Köche aus heimischen Zutaten – z.B. Palmherzen, Wildschwein oder Hirsch – wahre Geschmackswunder. Wer vor oder nach dem Essen einen Rum genießen möchte: Der in der Destillerie gebrannte Hochprozentige wird ökologisch sinnvoll produziert.

Route Royale • Tel. 4 83 79 80 • www. rhumeriedechamarel.com • mittags geöffnet, abends auf Anfrage • €€€

Palais de Barbizon

Beliebtes Familienlokal • Auch wenn das Restaurant nur mittags seine Türen für Gäste öffnet, sollte man unbedingt die gute Inselküche probieren. Die Köchin Marie Ange erhielt bereits Auszeichnungen und verwendet, wenn möglich, Gemüse aus dem Garten und Produkte der Region. Bringen Sie Zeit und Ruhe mit – es lohnt sich. Reservieren!

Route Sainte Anne • Tel. 4 83 41 78 • tgl. 11.30–15.30 Uhr • €€

Varangue sur Morne

Fantastische Aussicht • Beliebte mauritische Küche, mitten in den Bergen. Bringen allerdings Busse ihre Gäste zum Essen, wird es mit der Bestellung schwierig und der Service lässt nach. Am besten versuchen Sie es außerhalb der Mittagszeit.

Route Plaine Champagne • Tel. 4 83 66 10 • tgl. 12–16.30 Uhr • €€

Curepipe   📖 D 6

79 000 Einwohner

Stadtplan ▶ S. 85

Die hoch gelegene Stadt hat einen morbiden Charme und besteht zudem aus reichlich Beton. Schaut man aber etwas genauer hin, entdeckt man durchaus liebenswerte Fleckchen.

Einen Besuch wert und gut geeignet für Spaziergänge ist der 2 ha große **Botanische Garten**, in dem verschiedene Palmenarten gedeihen, darunter eine (Hyophorbe amaricaulis), die nur auf Mauritius wächst und erst beim Anlegen des Gartens entdeckt wurde. Traditionsreich ist hier auch der Bau von **Modellschiffen**. Die erste Fabrikation startete La Serenissima (an der B70, Rue Gustave Colin). Heute arbeiten hier viele Spezialisten, die vielleicht die schönsten, allerdings auch mit Abstand die teuersten Schiffe der Insel produzieren.

Gute Einkaufsmöglichkeiten gibt es im Zentrum von Curepipe. Unter den **Salafaa-Arkaden** in der Route Royale kann man sogar geschützt vor dem Regen bummeln. Geradezu kaufrauschverdächtig ist der hervorragend sortierte Markt, der immer mittwochs und samstags stattfindet und neben Lebensmitteln, Obst und Blumen auch vielfältiges Kunsthandwerk feilbietet.

Curepipe ist die viertgrößte Stadt der Insel und die höchstgelegene in den Highlands von Mauritius. Die Luft ist hier ein bisschen klarer, die Luftfeuchtigkeit etwas erträglicher.

SEHENSWERTES
Trou aux Cerfs ‼️👤 ▸ S. 85, a 2

Im Westen von Curepipe, ca. 2 km vom Zentrum, lohnt ein Spaziergang entlang des Rands des 100 m tiefen und 80 m breiten Vulkankraters.

Die tragische Geschichte des Liebespaars Paul und Virginie bleibt in Curepipe lebendig (▸ MERIAN Tipp, S. 17).

ÜBERNACHTEN
Le Plaza Hotel ▸ S. 85, b 1/2

Bestes Stadthotel • Freundlicher, unaufdringlicher Service und praktisch eingerichtete Zimmer. Bestens für einen kurzen Stadtaufenthalt geeignet. Impasse Pot de Terre • Tel. 6 70 15 18 und 6 75 00 75 • www.leplaza mauritius.com • 82 Zimmer • €

ESSEN UND TRINKEN
Flame n Grill ▸ S. 85, c 2

Bester Service • Reizende Menschen und köstliches indisches Essen. Wer samstags tagsüber in Curepipe ist, sollte sich das Mittagsbüffet gönnen.

Route Royal 256 • Tel. 6 74 04 37 • tgl. 10.30–22 Uhr • €€

EINKAUFEN
Galerie des Îles ▸ S. 85, b 2

Gutes und angenehmes Shoppingcenter im ersten Stock des ehemaligen Continental Buildings.
Arcade Currimjee

La Flotte, Bobato Shipmodels
▸ S. 85, b 2

Hier finden Sie zahlreiche Schiffsmodelle – von kleinen Fischerbooten bis zu Speedbooten von Ferrari. Es gibt sogar einen Nachbau der Titanic. Ein Besuch lohnt sich auf jeden Fall!
Sir J Pope Henessy Street 53a • www. bobatoshipmodels.com

Librairie Allot ▸ S. 85, b 2

Schöne Bücher über die Insel und den Indischen Ozean. Auch Karten. Gute Auswahl.
Unter den Arkaden • Mo–Sa 9–18 Uhr

Flic en Flac 📖 B 6

Wenn Sie von Port Louis die Straße A 3 entlang Richtung Süden fahren, weist Ihnen ein Hinweisschild den Weg zu diesem ehemaligen Fischerdorf mit den malerischen Holzhäusern. Der heutige Name Flic en Flac ist vermutlich eine Verballhornung der ursprünglichen niederländischen Bezeichnung Fried Landt Flaak.
Heute ist der Ort ein Touristenzentrum und ein bevorzugtes Ziel von Tauchern. Es gibt eine Vielzahl von Restaurants, Hotels und Apartments und einen langen Sandstrand.

SEHENSWERTES
Casela Nature & Leisure Park ‼️👤
▸ Familientipps, S. 39

MUSEEN

The World of Seashells

Das Museum zeigt eine faszinierende Muschelsammlung aus dem Indischen Ozean. Etwa 5000 Exemplare sind liebevoll sortiert und mit ihren lateinischen Namen versehen.
An der Straße von Tamarin Richtung Rivière Noire, bei La Preneuse auf der linken Seite • Mo–Sa 9–17, So 9–13 Uhr • Eintritt frei

ÜBERNACHTEN

Hilton Mauritius Resort & Spa

Hervorragender Service • Das Hotel steht unter deutscher Leitung und bietet bislang als einziges Haus auf Mauritius rollstuhlgerechte Zimmer, die deutschem Standard entsprechen. Hervorragendes Hotel mit besten Sportangeboten sowie Delfinbeobachtung, vier Restaurants, zwei Bars, mehreren Pools, Spa sowie einem Kinderspielzimmer.
Wolmar, 2 km südl. von Flic en Flac • Tel. 4 03 10 00 • www.hiltonhotels.de • 191 Zimmer • ♿ • €€€

MERIAN Tipp

MODELLSCHIFFE AUS CUREPIPE ▶ S. 85, c 3

Curepipe ist ein Zentrum der Modellschiffbauer. Teils sitzen die Handwerker auf der Straße und arbeiten. Vergleichen Sie gut, bevor Sie eines der Schiffe kaufen. Qualität und Preise sind oft sehr unterschiedlich. ▶ S. 17

Sands Resort & Spa

Schöne Lage • Hotel am südlichen Ende der Bucht. Wassersport, Tennis und schöner Strand.
Wolmar, 2 km südl. von Flic en Flac • Tel. 4 03 12 00 • www.sands.mu • 100 Zimmer • €€

ESSEN UND TRINKEN

Tides Restaurant

Herzliche Bedienung • Das Restaurant gehört zum Sugar Beach Resort und ist ebenso im Kolonialstil eingerichtet wie das Hotel. Hervorragende Meeresfrüchte. Außerdem im Angebot: Sashimi und Sushi! Unbedingt reservieren.
Wolmar, 2 km südl. von Flic en Flac • Tel. 4 03 33 37 • www.tides.restaurant.mu • tgl. 12.30–15 und 19–22 Uhr • €€€€

 ⑩ **MERIAN Tipp**

GRAND BASSIN C 7

Ein kleines Stück Indien: Das Wasser des Sees ist für Hindus so heilig wie der Ganges. Dieser Ort gehört zu den wichtigsten Pilgerorten der Hindus außerhalb von Indien. ▸ S. 17

Domaine Anna

Einmalige Atmosphäre • Hier handelt es sich nicht einfach nur um ein Restaurant. Das Domaine Anna ist eine Gartenlandschaft mit Tischen, Fischteichen, Palmen und Schildkrötengehegen. Himmlisches Essen und köstliche Cocktails mitten im Nirgendwo. An Wochenenden kann es sehr voll werden.
Medine, 4 km nordöstl. von Flic en Flac • Tel. 4 53 96 50 • www.facebook.com/domaineanna/ • Di–So 11.30–14.30 und 18–22.30 Uhr • €€€

Jeanno Burgers

Direkt am Strand • Kleine Snacks für zwischendurch – vor allem in der Mittagszeit, wenn man nur Lust auf einen Imbiss hat. Es gibt eine Auswahl an Burgern und Panini.
Route Royal, Public Beach • Tel. 57 53 11 36 • €€

La Bonne Chute

Hervorragender Fisch • Eine ausgezeichnete kreolische und französische Küche, serviert in schöner Umgebung. Empfehlenswert sind u. a. das Krabbengratin und das köstliche Thunfisch-Tatar.
Tamarin, 8 km südöstl. von Flic en Flac (auf der Straße nach Rivière Noire in Höhe der Caltex-Tankstelle nach rechts abbiegen) • Tel. 6 83 65 52 • So geschl. • €€

AM ABEND

Kenzi Bar

Zwanglose Atmosphäre • Die Kenzi Bar ist ein zwangloser und unaufgeregter Ort, an dem man eigentlich immer mit jemandem ins Gespräch kommt. Hier kann man einen Abend mit netten Menschen verbringen. Manchmal gibt es Livemusik.
Av. Petit Marie • Tel. 4 94 41 33 • tgl. ab 18 Uhr • €€

Floréal C 6

Dieser Vorort von Curepipe zeigt ein ganz anderes Antlitz von Mauritius. Hier wohnen zahlreiche Banker, Botschafter, Industrielle, Diplomaten, Zuckerrohrplantagenbesitzer und Ausländer, die für kurze Zeit auf Mauritius leben, um Geschäfte zu machen. Hier stehen exklusive Villen in wunderschönen Gartenanlagen. Es ist das Viertel der Oberschicht von Mauritius.

Die eindrucksvolle Statue von Shiva befindet sich inmitten des heiligen Sees in der hinduistischen Tempelanlage Grand Bassin (▶ MERIAN Tipp, S. 17).

In Floréal befindet sich aber auch die mauritische Strickwarenfabrik »Floreal Knitwear Company«, die den Vorort bekannt gemacht hat.

SEHENSWERTES
Textilmuseum

Auch wenn der Name »Museum« vielleicht etwas zu hoch gegriffen scheint, die Schauräume zur Textilproduktion sind doch recht interessant. Nimmt man an einer der Führungen teil, lernt man nebenbei ein Stück mauritischer Historie.

Die Geschichte der Textilindustrie nahm erst in den 1960er-Jahren ihren Anfang. Heute ist sie nach Tourismus und Zuckerrohr drittwichtigster Wirtschaftszweig des Landes. Entstanden war sie als wirtschaftliche Alternative zur Zuckerrohrverarbeitung.
Ecke John Kennedy/Floréal Square • Mo–Fr 10–16 Uhr • Eintritt frei

ESSEN UND TRINKEN
La Clef des Champs

Hervorragend speisen • Haute Cuisine mit tropischem Einschlag: Das Restaurant bietet beste mauritische und internationale Küche. Die Preise sind angemessen. Reservieren!
Queen Mary Avenue • Tel. 6 86 34 58 • www.laclefdeschamps.mu • Mo–Fr 11–15 und 18–22, Sa 18–22 Uhr • €€€€

EINKAUFEN
Floréal Square Shopping Center

Strickwaren aller Art, ein Outlet Store von Ralph Lauren. Dazu Schmuckläden und einige Boutiquen.
Floréal Square • Mo–Fr 9.30–17.30, Sa 9.30–16 Uhr

Shibani Centre

Kaschmir und edle Stricksachen bekommt man im Shibani Centre. Es stehen laufend verschiedene Produktionen und Modelle zur Auswahl. Floréal Road • Mo–Fr 9–17, Sa 9–14.30 Uhr

Le Morne Brabant   B 7/8

Im Schatten des 556 m hohen Berges, der sich in Privatbesitz befindet, haben sich einige sehr gepflegte Hotels und Ferienanlagen etabliert. Der Ort Le Morne ist sehr ruhig, es existiert eine kleine Snackbar, in der man einheimische Gerichte gekocht bekommt und das Nötigste einkaufen kann. Die nächste größere Einkaufsmöglichkeit gibt es im Nachbarort La Gaulette. Wer in Le Morne wohnt, ist mittendrin im kreolischen Leben.

ÜBERNACHTEN
St. Regis
Bestes Wassersportangebot • Wer bisher mit Wassersport (Segeln, Surfen, Wasserski, Tauchen) noch nichts zu tun hatte, aber einen Versuch wagen möchte, ist hier bestens aufgehoben: Aufgrund der Lagune ist die See ruhig und damit ideal für Anfänger.
Le Morne • Tel. 4 03 90 00 • www.stregis mauritius.com • 172 Zimmer • €€€€

Paradis Hotel & Golf Club
Traumhafte Lage • An der nördlichsten Spitze von Le Morne, direkt am weißen Sandstrand gelegen. Tennis, Golf, Wassersport. Vier Restaurants, Spa und Miniclub.
Le Morne • Tel. 4 01 50 50 • www.paradis-hotel.com • 386 Zimmer • €€€

🌿 Le Morne Cottage
Abseits des Tourismus • Das eigentliche, echte Mauritius erleben: kaum Touristen, kreolisches Leben, frische Fische direkt von den Fischern am Strand. Wer es ursprünglich mag, kann sich in dem kleinen Örtchen Le Morne im Südwesten der Insel

Blick von La Preneuse (▶ S. 89) auf den »Sklavenberg« Le Morne Brabant (▶ S. 88). An dessen unwegsamen Hängen, in Grotten und Höhlen fanden viele Sklaven Zuflucht.

eine Doppelhaushälfte mit Meerblick mieten. Das Haus ist neu und
wurde im kreolischen Stil erbaut.
Die Wohnung hat zwei Etagen mit
einem schönen Wohn- und Küchen-
bereich im Erdgeschoss und zwei
Zimmern im Obergeschoss. Eingerichtet wurde sie mit Holzmöbeln,
das Wasser wird durch eine Solar-
thermieanlage geheizt.
Le Morne • Tel. 4 83 50 07 • www.
lemorne-cottage.com • 1 Doppelhaushälfte • €

Plaine Champagne   B/C 7

Von der höchsten Stelle des 744 m
hohen Plateaus genießt man einen
spektakulären Blick hinunter in die
Schluchten des Rivière Noire. Die
verschiedenen Grüntöne der Bäume
in den dichten Wäldern, die unendliche Weite. Wer diesen Ausblick auch
noch während des Sonnenuntergangs
genießen kann, gerät unweigerlich ins
Schwärmen.
Achtung: Die Affen, die sich hier
gern zu den Touristen gesellen, sind
reichlich dreist! Sie haben keinerlei
Hemmungen, sich ihnen zu nähern,
Handtaschen zu stibitzen oder Ruck-
säcke zu plündern! Nicht füttern,
denn sie werden aggressiv, wenn die
Gabe der Köstlichkeiten zu Ende ist.
Am besten ignorieren Sie sie.
Im Restaurant Varangue sur Morne
(▸ S. 83) mitten in den Bergen wird
sehr gut kreolisch gekocht. Die Aus-
sicht ist atemberaubend.

La Preneuse   B 6

Es ist nicht nur eine wunderschöne
Landschaft mit einem sehr schönen
Strandabschnitt, der ruhig und unter
der Woche auch durchaus mal nahezu leer ist. Hier, auf halber Strecke
zwischen Flic en Flac und Le Morne

an der Mündung des Rivière Noire,
befindet sich auch der legendäre
Martello-Turm.

 # FotoTipp

MARTELLO-TURM

Am Strand von La Preneuse kann man,
wenn die Sonne tiefer steht, den Martello-Turm mit den Schattenwürfen der
Kanonen aufnehmen. Oder man zielt
nach Süden die Küste entlang mit dem
Morne Brabant im Hintergrund. ▸ S. 89

Die Geschichte des 12 m hohen wuch-
tigen Turms mit seinen über 3 m di-
cken Mauern geht auf einen korsi-
schen Turm gleicher Bauart zurück.
Ende des 18. Jh. entdeckte das englische Militär einen solchen Turm auf
Korsika – in der Mortella-Bucht. Angetan von der massiven Bauart über-
nahmen die Engländer das Konzept
und integrierten viele Hundert Wehr-
türme dieser Art in ihr militärisches
Verteidigungskonzept. Fünf wurden
auf Mauritius gebaut. Da sie nie ge-
braucht wurden, verfielen sie langsam.
Den Martello-Turm am Strand von
La Preneuse – aus Mortella wurde im
Lauf der Jahre Martello – setzte man
im Jahre 2000 wieder instand. Eine
private Organisation hatte es sich
zum Ziel gesetzt, dieses Bauwerk
nach historischen Vorlagen zu res-
taurieren. Das ist perfekt gelungen.
Heute befindet sich hier auch ein sehenswertes Museum, das auch für
Kinder sehr interessant ist. Die Führungen sind ausgesprochen informa-
tiv und dabei witzig und lebendig.
La Preneuse Road, Public Beach •
Di–Sa 9.30–17, So und feiertags 10–13.30 Uhr • Eintritt 70 Rs,
Kinder 40 Rs, Führungen inkl.

Die Nachbarinsel Rodrigues (▶ S. 102) kann bequem mit dem Bus »erfahren« oder immer mit Blick aufs Meer – hier die Anse Mourouk – erwandert werden.

Touren und Ausflüge

Unvergessliche Eindrücke liefern Klettertouren zu den Wasserfällen im Süden, Fahrten durch die Zuckerrohrfelder oder der Besuch eines kreolischen Dorfes.

Von Rivière du Rempart nach Mahébourg – Eine Fahrt entlang der Küste des Windes

Charakteristik: Einsamkeit, vielfältige Eindrücke und herrliche Ausblicke – eine Tour, bei der jeder auf seine Kosten kommt, Naturliebhaber ebenso wie Besucher, die Trubel und Shopping mögen **Dauer:** Tagesausflug **Länge:** 90 km **Auskunft:** in den Hotels oder bei Mauritius Tourism Promotion Authority (MPTA), 4–5th Floor Victoria House, Rue St. Louis, Port Louis, Tel. 2 03 19 00, Mo–Fr 8.45–16 Uhr **Einkehrtipps:** The Residence (▶ S. 69), Route Côtière, Belle Mare, Tel. 4 01 88 88, www.theresidence.com €€€€ • Beachcomber Le Shandrani, Blue Bay, Mahébourg, Tel. 6 03 43 43, www.shandrani-resort.com €€€
📖 E 4–E 7

Es ist eine herrliche Fahrt durch die Natur und die Geschichte von Mauritius, immer entlang der Ostküste. Die Tour beginnt in der modernen und geschäftigen Ortschaft **Rivière du Rempart** mit ihrem sehenswerten Markt. Von hier aus folgen Sie der B 15 entlang der Küste. Die Straße ist gesäumt von Kasuarinen, durch die Sie das Meer schimmern sehen. Ein stiller Teil der Insel.

Poste de Flacq ▶ Belle Mare Plage

Erst in **Poste de Flacq**, einem heute etwas »zersiedelten« Touristenort, wird es wieder lebendiger. An der Kreuzung inmitten der Ortschaft fahren Sie nach Osten in Richtung des Hindu-Heiligtums **Sagar Shiv Mandir**. Der »schwimmende Tempel« wurde auf dem kleinen Inselchen Île aux Goyaviers erbaut, das kaum größer ist als der gesamte Tempel.
Wer Lust auf einen kleinen Abstecher hat, nimmt von hier die B 23 und folgt den Schildern in Richtung Centre de Flacq, wo es einen Markt, Geschäfte, Kirchen, Tempel und ein chinesisches Spielcasino gibt. Die Holländer nannten diesen Marktflecken damals »Vlaake«, übersetzt in etwa »Fläche«. Sie bauten hier Zucker-

rohr und Reis an und legten den wirtschaftlichen Grundstein für den heutigen Erfolg der Insel. Schon im Jahre 1829 stand hier die größte Zuckerraffinerie der Insel.
Ansonsten geht es weiter an der Küste entlang. Am schönsten Strand der Insel, der **Belle Mare Plage** ⭐, halten Sie an und schwimmen eine Runde in dem türkisfarbenen Meer oder genießen den weißen Puderzuckerstrand. Vielleicht trinken Sie einen Cappuccino auf der Terrasse des Hotels The Residence mit Blick aufs Meer. Belle Mare Plage avancierte in den letzten Jahren zu einem der mondänsten Urlaubsorte. Erst in den 1980er-Jahren hatte man hier mit dem Bau einiger Mittelklassehotels begonnen, um Besucher anzulocken. Heute stehen an dem ca. 15 km langen weißen Strand etliche der besten Hotels der gesamten Insel.

Trou d'Eau Douce ▶ Île aux Cerfs

Fahren Sie weiter entlang der Küstenstraße B 59, bis Sie **Trou d'Eau Douce** erreichen, einen Fischerort mit etwas mediterranem Charme. Wenn Sie den Ort durchfahren haben, geht es nach links zum Hotel Le Touessrok. Hier haben Sie die

Möglichkeit, zu der wunderschönen, aber meist stark frequentierten Badeinsel **Île aux Cerfs** überzusetzen. Eine halbe Stunde benötigt das Schiff, um die Passagiere zu der vorgelagerten Insel zu bringen. Sicherlich gibt es hier viele Urlauber, aber hier findet man auch den schönsten Sand, das blaueste Wasser und herrlich grüne Wiesen. Die angebotenen Wassersportmöglichkeiten kann jeder gegen Gebühr nutzen, und die kleinen Restaurants bieten köstliche kreolische Küche (darunter exquisite Fischgerichte) an.

Île aux Cerfs ▸ Anse Jonchée
In Richtung Süden, nach Mahébourg, geht es weiter auf der bergigen B 28: spektakuläre Blicke, wunderschöne Wälder, grüne Zuckerrohrfelder und ein bisschen Einsamkeit. Sie sehen die Inseln **Île aux Oiseaux**, die **Îlot Flamants**, die **Île aux Fouquets** mit ihrem Leuchtturm und die **Île de la Passe** vorüberziehen.

In **Anse Jonchée** können Sie den ersten Blick auf Mahébourg werfen. Falls vor der Dunkelheit noch Zeit ist, können Sie auch noch einen Ausflug in den 1000 ha großen Park **Domaine du Chasseur** unternehmen.

Vieux Grand Port ▸ Mahébourg
In **Vieux Grand Port** erreichen Sie die älteste Ortschaft der Insel. 1598 landeten hier die Holländer, sie nannten die Bucht »Warwyck Bay«. Hier finden Sie auch die ältesten Gebäude. Im Hinterland liegt der 480 m hohe **Lion Mountain**.
Nach wenigen Kilometern erreichen Sie **Mahébourg**, ein Städtchen mit netten Geschäften, schönem Markt und dem **Musée Nautique** ⭐, das in einem renovierten Kolonialhaus liegt. Mahébourg hat sich viel vom Charme der alten Zeiten bewahrt.

Manche geraten gar ins Schwärmen und sehen sich in die Kulisse von dramatischen Filmen aus der Kolonialzeit mit viel Liebe und Herzschmerz hineinmanövriert. Andere finden die Stimmung in Mahébourg eher eintönig und etwas antiquiert.

Bunte Boote prägen den kleinen Hafen in der Bucht von Vieux Grand Port (▸ S. 93).

Im Jahr 1804 wurde die Stadt von Gouverneur Decaen gegründet. Er wollte sie zum Zentrum, zur Hauptstadt der Insel, erheben. 1810 machten ihm dann die Engländer einen Strich durch die Rechnung. Sie wählten Port Louis zur Hauptstadt, und Mahébourg blieb – vielleicht ein wenig von der Moderne vergessen – ein kleiner, aber liebenswerter Ort.
Wenn Sie noch Zeit und Lust haben, schlendern Sie doch über den Markt und kaufen sich dort mauritischen Kaffee oder eine Ananas von den Feldern des Südens.

Der Inselwesten – Pulsierendes Groß- stadtleben, Bergluft und heiliges Wasser

Charakteristik: Rundfahrt durch den Westen der Insel. Anders als im Osten findet man hier bedingt durch die Hauptstadt mehr Trubel vor **Dauer:** Tagesausflug **Länge:** 115 km **Auskunft:** in den Hotels oder bei Mauritius Tourism Promotion Authority (MPTA), 4–5th Floor Victoria House, Rue St. Louis, Port Louis, Tel. 2 03 19 00, Mo–Fr 8.45–16 Uhr; im National Park: Le Pétrin Information Center, tgl.

 9–16 Uhr **Einkehrtipp:** La Potiniere, Av. Winston Churchill, Curepipe, Tel. 6 70 26 48, tgl. 18–22.30 Uhr €€€

C 4

Starten Sie den Tagesausflug in **Port Louis** ganz früh oder aber nach 10 Uhr, um dem Berufsverkehr auszuweichen. Gleich hinter Port Louis, in Richtung Süden, kommen Sie an der **Domaine les Pailles** ⭐ vorbei. Hier können Sie sich die Nachbildung einer Zuckermühle oder eine alte Rumbrennerei anschauen, vielleicht auch eine Fahrt durch die Berge unternehmen. Das Anwesen hat eine erstaunliche Geschichte: Die Domaine les Pailles entstand nämlich erst Anfang der 1980er-Jahre. Ein Zuckerbaron hat sich damit einen Traum erfüllt.

Moka ▸ Grand Bassin

Es geht weiter in Richtung Süden. In **Moka** können Sie einen Blick auf die Universität von Mauritius werfen.

Für Hindus ist der Grand Bassin (▸ MERIAN Tipp, S. 17) eine wichtige Pilgerstätte. Am Ufer des Sees finden religiöse Zeremonien statt, etwa das Milchopfer.

Im dem etwas außerhalb gelegenen, ehemaligen Gouverneurspalast führt heute der Staatspräsident seine politischen Geschäfte. Leider ist die Prachtvilla nur von außen zu besichtigen. Zugang haben Sie dafür zur **Villa Eureka** ⭐, in der heute ein Museum mit wertvollen Antiquitäten eingerichtet ist.

Immer weiter Richtung Süden kommen Sie nach **Curepipe**, eine eher graue Stadt, die auf 550 m Höhe liegt. Eine leichte Brise und häufiger Regen machen die Temperaturen hier etwas moderater. Im Stadtkern sieht man ehemalige britische Häuser, im Vorort **Floréal** schöne Villen.

Weiter Richtung Süden, kurz hinter Curepipe, beginnen die sattgrünen Teeplantagen. Bei La Flora verlassen Sie die A 9 und biegen in die B 88 ein. Westlich liegt der **Grand Bassin**, der heilige See der Hindus. Sie können hier ein Stück indischen Alltags erleben: rituelle Reinigungszeremonien, Blumenopfer für den Gott Shiva.

Nach der Legende reiste Shiva in einem blumengeschmückten Luftschiff, dem »Pushpak Veeman«, um die Erde, um seiner Frau die schönsten Teile der Welt zu zeigen. Als die beiden auf dem Rückweg über den Indischen Ozean flogen, entdeckten sie eine kleine Insel im leuchtend blauen Meer. Die Landung auf dem bewaldeten Eiland gestaltete sich schwierig, und aus einem Gefäß mit dem heiligen Wasser des Ganges, das er mit sich führte, schwappten einige Tropfen auf die Insel. Sie liefen zusammen und bildeten das heilige Wasser des Grand Bassin.

Grand Bassin ▸ Parc National Gorges de la Rivière Noire

Bevor Sie in die Hochebene **Plaine Champagne** fahren, können Sie noch dem größten Binnensee von Mauritius einen Besuch abstatten: **Mare aux Vacoas**. Oder Sie fahren gleich in Richtung Südwesten, in den **Parc National Gorges de la Rivière Noire**. Folgen Sie dem asphaltierten Weg westlich von Le Pétrin bis zum Aussichtspunkt Gorges de la Rivière: Der Blick in die Schlucht lohnt sich!

Parc National Gorges de la Rivière Noire ▸ Chamarel

Weiter geht die Fahrt nach **Chamarel,** durch Wälder, in denen Bambus, Palmen und Guaven wachsen. Machen Sie einen kleinen Abstecher in Richtung Baie du Cap zu den **Terres des Couleurs** und den Wasserfällen von Chamarel. Auf dem Weg sehen Sie Salinen, wo Mauritier noch heute ihr Salz gewinnen. Die »farbige Erde« von Chamarel ist eine merkwürdige Naturerscheinung und am besten bei Sonnenschein zu besichtigen. Bei bedecktem Himmel ist nur wenig zu erkennen. Das nur wenige Quadratmeter kleine Stückchen vegetationslose Erde zeigt sich in verschiedenen Farben. Sie reichen von Ocker über Olivgrün und Rot bis fast Schwarz. Warum die Erde hier so aussieht, konnten auch Wissenschaftler noch nicht eindeutig klären. Man nimmt an, dass es sich um Oxidationsprozesse verschiedener Metallverbindungen handelt.

Chamarel ▸ Port Louis

Zurück geht es auf der Küstenstraße, vorbei an der bei Surfern beliebten Bucht **Tamarin**. Hier ist der Korallengürtel unterbrochen, und die Brandung gelangt bis an die Küste. 6 km von Tamarin entfernt liegt der **Casela Nature & Leisure Park** mit Papageien, Seeadlern und afrikanischen Eulen. Die Küstenstraße führt direkt nach Port Louis zurück.

Der Süden – Reise durch Wälder, über Berge, zu den Naturschauspielen der Insel

Charakteristik: Der Süden von Mauritius ist ursprünglich, atemberaubend und faszinierend. Die Landschaft wechselt, das Zuckerrohr verschwindet, Teeanbau und Ananasfelder treten in den Vordergrund. Wo sich einst die Sklaven vor ihren weißen Herren versteckten, kann man heute Stunden der Ruhe und Erholung verbringen **Dauer:** Tagesausflug **Länge:** 140 km **Auskunft:** in den Hotels oder bei Mauritius Tourism Promotion Authority (MPTA), 4–5th Floor Victoria House, Rue St. Louis, Port Louis, Tel. 2 03 19 00, tgl. 8.45–16 Uhr **Einkehrtipp:** Dinarobin Hotel Golf & Spa, Le Morne, Tel. 6 01 90 00, www.dinarobin-hotel.com €€€

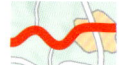 B 7

Herrliche Blicke in grandiose Landschaften und mit etwas Glück auch atemberaubende Naturschauspiele – die 140 km sind etwas für Fans des Ursprünglichen. Die Tagesrundfahrt beginnt im Südwesten auf der Halbinsel Le Morne am Fuß des Bergs **Le Morne Brabant**. 556 m ist er hoch und war einst, wie der gesamte Südwesten der Insel, Zufluchtsort der schwarzen Sklaven. Viele hatten sich in dieses unwegsame Gelände zurückgezogen, nachdem sie von ihren weißen Herren geflohen waren.

Le Morne Brabant ▶ Mare aux Vacoas
Vom Le Morne Brabant fahren Sie entlang der Küste nach Osten bis zur Hauptstraße und biegen links ab. Nach ca. 5 km kommen Sie nach **Grande Case Noyale**. Biegen Sie rechts ab, und Sie gelangen auf eine Bergstraße, auf der Sie einen traumhaften Blick auf die Küste haben! In den Wäldern hier leben außer Affen noch wilde Schweine – es sind die Nachkommen derjenigen Tiere, die einst von den Portugiesen dort ausgesetzt wurden. Rund um den Ort **Chamarel** wird hervorragender Kaffee angebaut. In vielen Hotels wird er Ihnen serviert. Sie können ihn auch in den meisten Geschäften von Port Louis und Curepipe kaufen. Biegen Sie in Chamarel rechts ab. Die Straße führt Sie in die Plaine Champagne. Parken Sie Ihren Wagen, um von dort aus nach links auf dem kleinen Fußweg zu einer Stelle zu kommen, wo ein Nebenfluss des Rivière Noire in die **Grandes Gorges** stürzt.

Fahren Sie wieder zurück und biegen Sie bei Chamarel nach rechts ab. Über Le Pétrin gelangen Sie zum **Grand Bassin**. Der See ist ein für Hindus heiliger Ort. Die Tempelanlage lohnt eine Besichtigung. Zurück an der Hauptstraße bei Le Pétrin biegen Sie rechts ab und passieren nach kurzer Zeit den See **Mare aux Vacoas**, Trinkwasserreservoir und größter Süßwassersee von Mauritius.

La Marie ▶ Souillac
Über den Ort La Marie gelangt man nach Forest Side – einem Vorort von Curepipe – und zu der Fabrik Comajora, in der Modellschiffe gebaut werden. Wieder in Richtung Süden geht es über Rose Belle nach Plaine Magnien. Fahren Sie von hier auf der Straße, die einige Kilometer von der Küste entfernt verläuft, in Richtung Souillac. In **Camp Poule** führt eine

ziemlich schlechte Piste in Richtung Küste. Sie endet an einem Felsen aus schwarzem Lavagestein – **Le Souffleur**. An dieser Stelle von Mauritius fehlt der schützende Korallengürtel, und die Brandung kann ungehindert, geräuschvoll und kräftig auf die Küste rollen.

Souillac ▶ Rochester Falls

Wer diesen Umweg nicht fahren möchte, sieht in **Souillac** zum ersten Mal wieder die Küste. Hier weht immer ein frischer Wind, die Berge sind mit tropischen Pflanzen bewachsen. Am Meer liegen ein Freibad, ein Park und eine Promenade, die zum Ort **Le Gris Gris** 🌟 führt. Noch bevor Sie an die Brücke über den Rivière Savanne kommen, zweigt nach rechts ein schmaler Weg in die Berge ab. Auf ihm gelangen Sie zu den **Rochester Falls** – einem Wasserfall, der sich seinen Weg ins Lavagestein gefressen hat.

Rochester Falls ▶ Le Morne

Weiter westlich liegt an der Küstenstraße der Ort **Riambel**. Hier ist das Meer wieder ruhig. Der Sandstrand reicht bis zur **Pointe aux Roches**. Aber Vorsicht! Bei Ebbe entsteht eine immense Strömung in Richtung offenes Meer! Einige Kilometer weiter gelangen Sie, kurz vor dem Ort Bel Ombre, zur Bucht **Baie du Jacotet**. Wenn Sie Lust haben, können Sie bei Ebbe zur **Îlot Sancho** hinüberwaten.

Über das Inselchen kursieren die wildesten Gerüchte: Einen Schatz soll es hier irgendwo geben. Eine Kiste voller Gold und Edelsteinen, die Piraten angeblich hier vergraben haben. Gefunden hat sie bisher allerdings noch niemand.

Vorbei an Baie du Cap fahren Sie entlang der Küste über einen Pass zurück zum Ausgangspunkt in Richtung Le Morne.

Ein kleines Boot liegt am Ort Le Morne im türkisfarbenen Wasser, im Hintergrund ist Le Morne Brabant (▶ S. 88) zu sehen, der als UNESCO-Weltkulturerbe gelistet ist.

Rundfahrt durch den Norden – Meterhohes Zuckerrohr und fröhliche Menschen

Charakteristik: Eine wunderschöne Fahrradtour durch den hohen Norden von Mauritius. Auf zwei Rädern erlebt man die Insel noch intensiver: die Landschaft, den Wind und vor allem die Menschen, die einem so häufig zulächeln, grüßen oder winken. Erwidert man den Gruß, wird das Lächeln noch strahlender **Dauer:** Halbtages- oder Tagesausflug **Länge:** ca. 28 km **Auskunft:** in den Hotels oder bei Mauritius Tourism Promotion Authority (MPTA), 4–5th Floor Victoria House, Rue St. Louis, Port Louis, Tel. 2 03 19 00, tgl. 8.45–16 Uhr **Einkehrtipp:** Hotel Paul & Virginie, Royal Road (gegenüber der Polizeistation an einer Bushaltestelle), Grand Gaube, Tel. 2 88 02 15 €€€

📖 D 3

Das Grün des Zuckerrohrs dominiert die Farbwelt von Mauritius.

Es muss nicht immer das Auto sein: Wie schön die Nordküste ist, können Sie besser auf zwei Rädern »erfahren«.
Grand Baie ▸ Cap Malheureux
Sie starten in **Grand Baie**, fahren zunächst durch herrlich farbintensive Zuckerrohrfelder: Sie bilden dichte grüne Wände, durch die Sie auf guten Straßen mit Ihrem Rad unterwegs sind. Kurz vor der Ernte erreicht das Zuckerrohr eine Höhe von bis zu 2 m. Der Weg führt bis an die Nordspitze der Insel, zum **Cap Malheureux**. Hier ging im Jahre 1810 die letztlich siegreiche englische Flotte an Land. Planen Sie irgendwo ein idyllisches Picknick und genießen Sie den wunderschönen Fernblick auf die vorgelagerten Inseln Coin de Mire, Île Gabriel und Île Plate.
Grand Gaube ▸ Goodlands
Dann geht es weiter in Richtung **Le Grand Gaube**. Biegen Sie in Grand Gaube ab in Richtung **Goodlands**. Diese Stadt lebt heute hauptsächlich von der Textilindustrie. Hier wurde im Jahre 1982 auch die größte Modellschiff-Fabrikation gegründet: Im **Historic Marine** werden die »Rolls Royce« unter den mauritischen Modellschiffen gebaut. Die Fabrik kann besichtigt werden. Wer hier ein Modellschiff kauft, zahlt zwar viel, bekommt aber beste Qualität.
Von Goodlands fahren Sie über Petit Raffray und The Vale wieder zurück nach Grand Baie.

Wanderung auf den Piton de la Petite Rivière Noire – Weg zum Gipfel der Ruhe

Charakteristik: Für Freunde der Stille ist der Weg auf den 828 m hohen Berg ein wunderschönes Erlebnis. Dann sieht man auch schon mal darüber hinweg, dass der Pfad hinauf nicht so gepflegt ist, kein markierter Weg, eher ein Trampelpfad **Dauer:** Die reine Laufzeit beträgt ca. 3–4 Std. **Länge:** Hin- und Rückweg ca. 6 km **Auskunft:** in den Hotels oder bei Mauritius Tourism Promotion Authority (MPTA), 4–5th Floor Victoria House, Rue St. Louis, Port Louis, Tel. 2 03 19 00, tgl. 8.45–16 Uhr **Einkehrtipp:** Proviant und ausreichend Getränke mitnehmen, da während der Tour zu Fuß keine Restaurants erreichbar sind

📖 B 7

Diese Wanderung erfordert etwas Kondition, aber keine Bergsteigererfahrung. Nehmen Sie Proviant mit, denn auf dem Gipfel angekommen, lohnt sich – bei einem grandiosen Blick – ein Picknick. Unbedingt mitführen sollte man allerdings ausreichend Trinkwasser, Kopfbedeckung und Mückenschutz. Achtung: Es kann in den Bergen plötzlich zu einem Wetterwechsel kommen. Es ist daher besonders wichtig, gutes und rutschfestes Schuhwerk zu tragen!

Grande Case Noyale ▶ Vacoas
Schon von Weitem erkennt man die Gebirgskette des Rivière Noire und den Gipfel des Piton de la Petite Rivière Noire mit seinen 828 m Höhe – übrigens der höchste Berg auf Mauritius, im Südwesten der Insel. Die Gebirgskette ist Teil des **Parc National Gorges de la Rivière Noire**. In diesem naturbelassenen Terrain haben endemische Pflanzen und Tiere überlebt und führen dort ein geschütztes Leben. Der Nationalpark dient dem Erhalt der heimischen Wälder auf Mauritius.
Um den Ausgangspunkt der Wanderung auf den **Piton de la Petite Rivière Noire** zu erreichen, biegen Sie zunächst von der Küstenstraße bei **Grande Case Noyale** ins Inselinnere Richtung Terres des Couleurs ab. Fahren Sie dann in Richtung Chamarel und biegen Sie schließlich wiederum links nach **Vacoas** ab. Nach etwa 6 km können Sie Ihren Wagen auf einem Parkplatz abstellen. Am Ausgangspunkt befindet sich ein grüner Stein mit der Aufschrift »Black River Peak«. Sie befinden sich nun in der trockensten Gegend der Insel, denn die aus dem Südosten kommenden Wolken regnen sich meist am Osthang des Gebirges ab. Wählen Sie einen sonnigen Tag für Ihren Aufstieg. Nehmen Sie sich die Zeit zum Durchatmen, Fotografieren und Genießen.
Der Aufstieg beginnt mit einem Pfad, der nur leicht ansteigt. Nach 2 km gelangen Sie an eine Gabelung: Rechts geht es zum Gipfel, der linke Weg führt steil abwärts nach Chamarel. Teilen Sie sich auf dem Weg nach oben Ihre Kräfte ein. Gehen Sie nicht zu schnell, denn das letzte Stück des Weges ist ziemlich steil. Am Gipfel angekommen, werden Sie jedoch überreichlich für Ihre Mühe belohnt: Der Ausblick ist grandios.

Pamplemousses Gardens ⚔ – Ein Ausflug zu wundersamen Pflanzen und Tieren

Charakteristik: Spazierengehen kann so schön sein! Vor allem, wenn das Auge und die Seele so viel zu sehen und zu erleben haben: Seerosen so groß, dass man sich daraufsetzen könnte, und Schildkröten, die so alt sind, dass schon unsere Urgroßeltern sie hätten streicheln können. Und dazwischen verwunschene Wege inmitten fremder Pflanzenwelten **Dauer:** ca. 3 Std., für eine ausgiebige Besichtigung sollte man sich einen ganzen Tag Zeit nehmen **Länge:** ab ca. 3 km **Auskunft:** Sir Seewoosagur Ramgoolam Botanical Garden gleich am Eingang, tgl. 6–18 Uhr; in den Hotels oder bei Mauritius Tourism Promotion Authority (MPTA), 4–5th Floor Victoria House, Rue St. Louis, Port Louis, Tel. 2 03 19 00, tgl. 8.45–16 Uhr **Einkehrtipp:** Café Valse de Vienne, Powder Mill Road, Pamplemousses, Tel. 2 43 84 65 €

📖 D 4

Ein geruhsamer Spaziergang durch einen der schönsten, ältesten und artenreichsten Botanischen Gärten der Welt.

Der Ursprung dieses Gartens geht auf das Jahr 1729 zurück, als ein französischer Kolonialist einen Teil des heutigen Gebietes erstand. Er nannte es Mon Plaisir, »meine Freude«. Sechs Jahre später erwarb es der ebenfalls aus Frankreich stammende Kapitän und Gouverneur Mahé de Labourdonnais als Wochenendresidenz und ließ sich hier seinen privaten Obst-, Gemüse- und Kräutergarten anlegen. Dass die Anlage im Laufe der Jahre immer schöner und vielseitiger wurde, ist dem Naturwissenschaftler Pierre Poivre (1699–1786) zu verdanken.

Poivre, der 1767 Intendant von Mauritius wurde, setzte sich mit neuen Anbaumethoden auseinander und widmete sich vor allem Pflanzen, die nicht auf der Insel beheimatet waren. Hinzu kam, dass Poivre das damals in französischem Besitz befindliche Eiland zur Gewürzinsel ausbauen wollte. Ein nicht ganz einfaches Un-

terfangen, da sich der Gewürzhandel bis dahin ausschließlich in Händen der Holländer befand. Mit großem Erfolg gelang es Poivre, aus allen Teilen der Welt stammende Gewürzpflanzen heimisch zu machen. U. a. erblühte 1775 zum ersten Mal auf der Insel Mauritius eine Gewürznelkenpflanze.

Wenn Sie Pamplemousses Gardens betreten, sehen Sie auf der rechten Seite ein kleines Kolonialhaus. Gehen Sie hinter dem Haus gleich nach rechts in die Avenue Poivre. Von hier führt Sie ein asphaltierter Weg an der wertvollen **Talipot-Palme** vorbei, die erst etwa 40 bis 80 Jahre alt werden muss, ehe sie das erste und auch letzte Mal in ihrem Leben blüht. Die Blütenstände sind bis zu 6 m hoch. Anschließend stirbt sie ab.

Palmen ▸ Seerosen

Die Talipot-Palme entwickelt meterhohe Blütendolden voller zartgelber Blütenblätter – ein Anblick, den leider nur die allerwenigsten Besucher genießen können. Faszinierend und ein zu Recht beliebtes Fotomotiv sind auch die riesigen **Seerosen** (Victoria

Regia), deren kreisrunde Blätter einen Durchmesser von bis zu 1 m erreichen können. Sie finden sie in einem rechteckigen Becken an der Avenue Charles Darwin. Legen Sie eine kleine Pause am Gehege der Aldabra-Riesenschildkröten ein, die es übrigens sehr genießen, wenn man sie mit frischem Gras füttert.

Schloss Mon Plaisir ▸ Zuckermühle

In der Mitte des Parks finden Sie ein kleines Schmuckstück: das Schlösschen **Mon Plaisir**. Das Kolonialhaus steht unter Denkmalschutz und wird leider nur für Staatsempfänge geöffnet. Es gibt jedoch das Vorhaben, das Château komplett zu renovieren und anschließend in ein botanisches Museum umzuwandeln.

Neben dem Schloss befindet sich das Modell einer alten Zuckermühle: Im 18. Jh. wurden hier noch verschiedene Zuckerrohrsorten angebaut und deren Qualität getestet.

Botanisch Interessierte können sich entweder einen Plan kaufen, auf dem alle Pflanzen im Park aufgeführt werden, oder sie achten auf die Schilder, die überall an den Bäumen angebracht sind.

Wenn Sie mit dem Mietwagen zu den Pamplemousses Gardens fahren, sollten Sie sich nicht von den aufgeregten vermeintlichen Parkwächtern irritieren und einen Stellplatz zuweisen lassen. Der kostet Sie dann nämlich 100 Rupien, während es nur 300 m weiter einen kostenlosen Parkplatz gibt. Tipp: Immer sonntags öffnet der Park seine Tore für Mauritier kostenfrei. Das hat zur Folge, dass ungezählte mauritische Familien in den Park kommen, um dort mit ihren Familien ihren freien Tag zu verbringen. An diesem Tag kann man fantastisch das echte mauritische Leben erahnen. Wer es ruhiger mag, besucht den Park unter der Woche.

Die Parkanalage Pamplemousses Gardens (▸ MERIAN TopTen, S. 62) mit ihren herrlichen exotischen Pflanzen wurde 1729 eröffnet und ist bei Mauritiern sehr beliebt.

Ausflug zur Nachbarinsel Rodrigues – Spaß an Langsamkeit und Ursprünglichkeit

Charakteristik: Wer Ruhe sucht, ist auf der Nachbarinsel von Mauritius goldrichtig **Dauer:** 2–3 Tage **Auskunft:** Mittlerweile gibt es auch für Rodrigues Island ein Fremdenverkehrsamt. Informationen unter www.tourism-rodrigues.mu. Bei der Planung hilft auch Mauritius Tourism Promotion Authority (MPTA), 4–5th Floor Victoria House, Rue St. Louis, Port Louis, Tel. 2 03 19 00, tgl. 8.45–16 Uhr **Einkehrtipp:** ein schönes Hotel und Restaurant: Cotton Bay Hotel, Pointe Coton, Tel. 8 31 80 01, www.cottonbay-hotel.biz €€€ **Informationen:** www.tourism-rodrigues.mu **Karte** ▸ S. 103

Rodrigues ist winzig, ruhig und wird oft vergessen – die kleine, stille Schwester von Mauritius. Sie ist die Jüngste der Maskarenen, jener Inselgruppe im Indischen Ozean. Die Insel ist erst ca. 1,5 Mio. Jahre jung und mit ihren 104 km² Fläche auch die kleinste. Bis nach Mauritius sind es rund 650 km. Die nächste Küste gen Osten ist erst wieder Australien, einige Tausend Kilometer weiter.

Vermutlich waren es die Araber, die erstmals einen Fuß auf die Insel setzten. Dann kamen die Portugiesen im Jahre 1528. Nach dem portugiesischen Abenteurer **Diego Rodrigues** wurde die Insel benannt. Danach folgten die Holländer und auch die Franzosen. Admiral Wolpart Harman ließ sich als erster Mensch 1601 auf dem Eiland nieder. Aber er hielt es in der Einsamkeit nicht lange aus. So blieb die Insel lange Zeit unbewohnt. Erst 1726 wurden einige Kolonisten und Sklaven dort sesshaft. Zu Beginn des 20. Jh. lebten etwa 3000 Menschen auf Rodrigues. Heute sind es rund 40 000 Menschen.

Ursprünglich war Rodrigues bewaldet. 64 ha der Insel stehen heute unter Naturschutz, aufgeteilt in zwei Regionen. In einem der Gebiete wächst die Pflanze »café marron«, von der es auf der Welt nur noch vier Exemplare gibt. Zwei stehen auf Rodrigues, die anderen beiden in den Londoner Kew Gardens. Leider sind auch in den vergangenen 300 Jahren durch die Kolonisation viele Tierarten ausgestorben, wie der flugunfähige »solitaire«.

Heute leben die Menschen auf Rodrigues von ein wenig **Handel** und **Tourismus**. Letzterer ist es, der die Insel so interessant macht. Sicherlich ist hier nichts perfekt organisiert, aber deshalb umso charmanter. Es gibt nur wenige Hotels auf der Insel, während der Wintermonate Juli und August haben einige Touristenangebote, wie etwa die Tauchschulen, geschlossen. Dafür gibt es wunderschöne Strände, fröhliche und herzliche Menschen, herrliche Wanderwege und unendliche Ruhe.

Port Mathurin

In der Haupt- und Hafenstadt **Port Mathurin** an der Nordküste der Insel wohnen 10 000 Menschen. Damit ist es die größte Siedlung und das wirtschaftliche Zentrum auf Rodrigues. Wenn Sie auch von hier ein Souvenir mitnehmen möchten: Rodrigues ist besonders bekannt für sein Kunsthandwerk. Vor allem für die **Korb-flechterei.** In Port Mathurin finden Sie in der Jenner Street ein Geschäft, in dem Sie die von Hand gemachten Körbe kaufen können.

Jenner Street ▸ Camp du Roi Center
Darüber hinaus werden auch hier Modellschiffe und Möbel gefertigt.

Die eigentliche Produktionsstätte – es arbeiten dort 20 Personen – befindet sich in der Victoria Street. 1994 eröffnete noch ein weiteres Werk im neuen **Camp du Roi Center** seine Pforten. Bedauerlicherweise ist das Shoppingerlebnis auf der Insel ansonsten dürftig. Wer alles zusammen

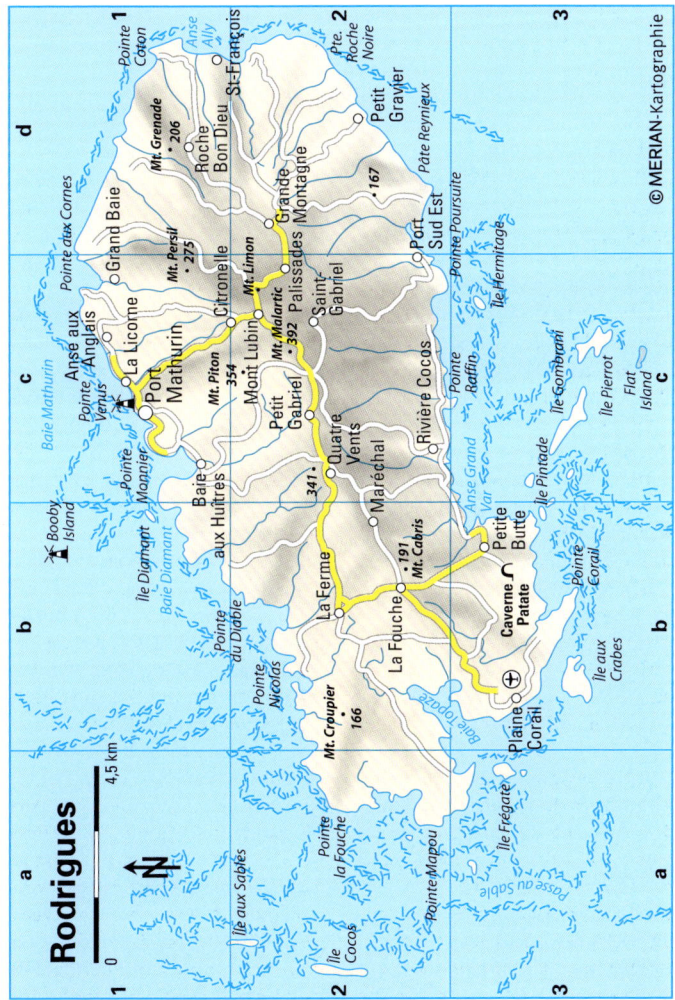

erleben möchte, also Kunsthandwerker, Maler und Musiker, der sollte im Dezember nach Rodrigues kommen. Während unserer Adventszeit veranstalten die Einheimischen hier ein großes Fest: das **Fest der Kreolen**. Es ist das bedeutendste der Insel. Die Bewohner von Rodrigues zeigen dann stolz ihr Handwerk, ihre plastischen Kunstwerke und Malereien. Überall werden kulinarische Spezialitäten serviert und die typische **Sega-Musik** dazu gespielt.

In Port Mathurin spielt sich alles ab: die Inselverwaltung, das Geschäftsleben, es gibt wenige Hotels und Restaurants. Übernachten kann man beispielsweise in angenehmen Zimmern mit Bad – und das ist selten – im Hotel Beau Soleil (Rue Victoria, Tel. 8 31 27 83). Im Südwesten der Stadt wohnt man im Le Tamaris in hübschen Apartments mit Küche, Wohnzimmer und Terrasse oder Balkon (Camp du Roi, Tel. 8 31 27 15).

Ursprüngliche Atmosphäre mit guter chinesischer, kreolischer und französischer Küche bietet das Restaurant du Quai direkt am Hafen (Fisherman Lane, Tel, 8 31 28 40, So ab 18 Uhr geschl.). Wem es zu einsam und ruhig wird, kann sich am Wochenende im Nachtclub Ebony amüsieren (Jenner Street, Fr, Sa ab 20 Uhr). Geboten wird Sega-Tanz und Livemusik.

In Port Mathurin lohnt ein Spaziergang, um schöne alte Kolonialhäuser anzuschauen und um einheimisches Kunsthandwerk (geflochtene Körbe, Schmuck aus Kokosnüssen oder Holzschiffe) zu kaufen. Nach **Grand Baie,** einem wunderschönen Strand, sollten Sie unbedingt einen Ausflug unternehmen.

Stolz ist man auf der Insel, dass es nun endlich einen ganz neuen Flughafen gibt. Seitdem fliegt eine zweimotorige Maschine der Air Mauritius mit immerhin 46 Plätzen täglich nach Rodrigues (www.air-mauritius.de).

Der Flughafen liegt in Plaine Corail im Südwesten der Insel. Die Fahrt in die Stadt Port Mathurin dauert ca. 40 Min., denn die Straßen auf Rodrigues sind teilweise nicht geteert.

Übrigens gelangt man auch mit dem Schiff hierher. Eine Fähre fährt dreimal pro Monat in ca. 36 Stunden von Port Louis nach Port Mathurin (www.mscl.mu).

Port Mathurin ▸ La Licorne

Mont Lubin im Zentrum von Rodrigues ist der zweitgrößte Ort der Insel. Von Mont Lubin in Richtung Osten kommen Sie nach **Mont Limon,** dem höchsten Punkt. Von hier aus können Sie einen fantastischen Blick über die Insel mit ihren Lagunen genießen. Nächstes lohnenswertes Ziel ist **Palissades**, das Zentrum des Kunsthandwerks.

Wer sich für die Unterwasserwelt von Rodrigues interessiert, sollte nach **La Licorne** im Norden fahren. Dort ist das einzige Tauchzentrum der Insel stationiert. Wer schnorcheln oder schwimmen will, muss sich nach Ebbe und Flut richten: Rodrigues wird von einem gewaltigen Korallenschelf eingeschlossen, das in seiner Ausdehnung rund dreimal so groß ist wie die Insel selbst. Das heißt aber auch: Während der Ebbe sind Schwimmen und Wassersport so gut wie unmöglich. Einzige Ausnahme: die **Pointe Coton** im Osten, wo das Schelf so schmal wird, dass Surfer und Schwimmer problemlos ins Wasser kommen.

Schöne Badestrände gibt es in **Anse Ally** und **Saint-François** an der Ostküste sowie im Süden der Insel.

Erlesene

Auf den Spuren berühmter Persönlichkeiten

Ziele

Über die Hälfte der mauritischen Bevölkerung ist hinduistischen Glaubens. Im Jahreslauf finden auf der Insel zahlreiche farbenfrohe religiöse Feste und Zeremonien (▶ S. 115) statt.

Wissenswertes über
Mauritius

Nützliche Informationen für einen gelungenen Aufenthalt: Fakten
über Land, Leute und Geschichte sowie Reisepraktisches von A bis Z.

Auf einen Blick

Mehr erfahren über Mauritius – Informationen über Land und Leute, von Bevölkerung über Lage und Geografie bis Politik, Verwaltung, Sprache und Wirtschaft.

Amtssprache: Englisch
Bevölkerung: Indo-, Euro- und Sino-Mauritier und Kreolen
Einwohner: 1,313 Mio.
Fläche: 2040 km²
Hauptstadt: Port Louis
Internet: www.mauritius.net
Religion: 52 % Hindus, 30 % Christen, 17 % Moslems sowie 0,2 % Buddhisten
Staatsform: Republik
Staatsoberhaupt: Präsidentin Ameenah Gurib-Fakim
Regierungschef: Premierminister Sir Anerood Jugnauth
Verwaltung: Die Insel Mauritius ist in 9 Distrikte unterteilt
Währung: Rupie

Bevölkerung

Etwa 1,3 Mio. Einwohner leben auf Mauritius: Indo-, Euro-, Sino-Mauritier und Kreolen. 52 % der Einwohner sind Hindus. Mit einer Bevölkerungsdichte von durchschnittlich 640 Menschen pro km² gehört die Insel zu den eher dicht besiedelten Gebieten der Erde. Das jährliche Pro-Kopf-Einkommen liegt bei ca. 6000 Euro. Damit gehören die Mauritier zu den wohlhabendsten Afrikanern.

Lage und Geografie

Der Inselstaat Mauritius liegt im Südwesten des Indischen Ozeans, etwa 800 km östlich von Madagaskar. Der Staat setzt sich aus den Inseln Mau-

◄ Das auf Mauritius gewonnene Salz reicht für den Bedarf der ganzen Insel.

ritius mit 1866 km² und Rodrigues mit 104 km² zusammen. Dazu kommen die Agalega-Gruppe und die Carajos-Inseln. Zusammen mit der Insel La Réunion werden Mauritius und Rodrigues zur Inselkette der Maskarenen gezählt.

Mauritius hat eine Länge von rund 60 km und ist ca. 55 km breit. Der höchste Berg ist der Piton de la Rivière Noire (828 m), der längste Fluss der Grande Rivière (35 km).

Politik und Verwaltung

Das Land Mauritius erlangte im Jahr 1968 seine Unabhängigkeit von England. Seitdem ist die Inselgruppe eine Republik, eine parlamentarische Demokratie mit einer Legislaturperiode von fünf Jahren. Das Parlament hat insgesamt 70 Mitglieder. Es herrschen Meinungs- und Pressefreiheit.

Seit Dezember 2014 regiert der Premierminister Sir Anerood Jugnauth. Staatsoberhaupt ist seit Juni 2015 eine Frau: Präsidentin Ameenah Gurib-Fakim. Seit März 2016 hat H. Seetanah Luchtmeenaraidoo das Amt des Außenministers inne. Mauritius wird immer wieder hervorgehoben, da die Wirtschaft und die politischen Verhältnisse stabil sind. Außenpolitisch tritt Mauritius gemäßigt auf. Die engsten Beziehungen pflegt Mauritius zu den einstigen Kolonialmächten Frankreich und Großbritannien.

Sprache

Die Unterrichts- und Amtssprache auf Mauritius ist Englisch, was den Besuchern die Verständigung ungemein erleichtert. Innerhalb der Bevölkerung allerdings wird Kreolisch und Französisch gesprochen. Dazu kommen Chinesisch sowie indische und arabische Sprachen.

Wirtschaft

Fast 60 % der Oberfläche von Mauritius sind mit **Zuckerrohr** bedeckt. Im Jahr 1812 wurden auf der Insel rund 400 t Zucker pro Jahr produziert, nur einige Jahre später waren es bereits 2500 t. 1825 beschloss man, die Produktion zu erhöhen, denn die robuste Pflanze stellte sich als ideal für die Insel heraus. Während Kaffeepflanzen und Baumwolle den Zyklonen nicht standhielten, wuchs Zuckerrohr unbeirrt weiter. 1850 wurden erstmals 100 000 t produziert, Anfang des 20. Jh. 160 000 t, heute sind es ca. 600 000 t jährlich. Der größte Teil wird exportiert. Die anfallende Melasse dient als Futtermittel und zur Äthanol- und Rumproduktion. **Mauritischer Rum** ist ein äußerst beliebtes Souvenir.

Weitere wichtige Wirtschaftszweige des Landes sind die **Textilindustrie**, der **Tourismus** und zunehmend auch **Finanzdienstleistungen**. Der Tourismus liefert die meisten Devisen und ist nach wie vor ein wachsender Markt. Die meisten Touristen kommen aus den Ländern Frankreich, Großbritannien, Italien, La Réunion und Südafrika. Die Regierung würde gerne jährlich 2 Mio. Touristen auf die Insel locken. Bisher sind es lediglich knapp 1 Mio. pro Jahr.

Die **Salzgewinnung** in Tamarin, einem kleinen Ort im Südwesten der Insel, ist vor allem für die Mauritier von großer Bedeutung. In den dortigen Salinen wird Meersalz gewonnen, das den Bedarf der gesamten Bevölkerung deckt. Exportiert wird dieses edle Fleur de Sel kaum.

Geschichte

1507
Der Portugiese Domingo Fernandez wirft vor Mauritius Anker und nennt die Insel »Ilha do Cirne« (Schwaneninsel). Man vermutet, dass er den Namen wegen der Ähnlichkeit des Vogels Dodo mit einem Schwan wählte.

1598
Der holländische Admiral Wybrandt van Warwyck landet an der Südostküste von Mauritius. Warwyck annektiert die Insel und nennt sie Mauritius.

1638
Die ersten Siedler treffen ein. Man beginnt mit Tabakanbau und Viehzucht. Auch Zuckerrohr wird bereits angebaut.

1722
Die Franzosen besetzen die Insel. Sie holen Sklaven aus Madagaskar, Mosambik und Westafrika, Frauen werden aus Saint-Malo nach Mauritius gebracht.

1744
Kapitän Labourdonnais, der Insel-Gouverneur, eröffnet die erste Zuckerrohrfabrik in Villebague und beginnt mit dem Gewürzanbau. Das Schiff »Saint-Gèran« sinkt vor der Nordostküste. Das Unglück inspiriert de Saint-Pierre zur Novelle »Paul et Virginie«.

1746
Briten und Franzosen sind in einen heftigen Seekrieg verwickelt. Labourdonnais bricht mit neun Schiffen in den Krieg auf.

1767
Die Kolonie wird von der französischen Krone übernommen und Île de France genannt. Zu diesem Zeitpunkt leben hier 2000 weiße und »freie Menschen« sowie rund 18 000 Sklaven.

1779
Vicomte de Souillac wird Gouverneur der Insel, die nun als Versorgungsbasis für Schiffe auf dem Weg in den amerikanischen Unabhängigkeitskrieg dient.

1803
Schulen werden gebaut, Gesetze nach dem Code Napoléon erlassen. Einige haben bis heute Gültigkeit.

1806–1810
Der letzte französische Gouverneur der Île de France, Charles Decaen, versucht, sich gegen die Engländer durchzusetzen. 1810 werden die Franzosen endgültig geschlagen. Die Insel heißt wieder Mauritius.

1811
Die Pockenseuche lässt einen Großteil der Bevölkerung sterben.

1814
Laut Friedensvertrag von Paris bleibt Réunion bei Frankreich. Mauritius und die kleine Nebeninsel Rodrigues gehen an England. In dieser Zeit leben 78 000 Menschen auf der Insel, davon 63 000 Sklaven.

1832
General John Jeremy verkündet das Ende der Sklaverei. Die Siedler erhalten einen Ausgleich. Arbeiter aus Indien kommen auf die Insel.

1847
Durch einen vermeintlichen Fehldruck in einer Briefmarkenreihe kommt es zur legendären Blauen Mauritius, von der es heute noch zwölf Stück gibt.

1891–1899
Epidemien, Feuer und Zyklone verwüsten Teile der Insel. Besonders betroffen ist Port Louis.

1936
Die Sozialistische Arbeiterpartei (MLP) wird gegründet.

1948
Die MLP hält die Mehrzahl der Sitze in der Legislative. Eine neue Verfassung soll die spätere Unabhängigkeit vorbereiten.

1958
Einführung des allgemeinen Wahlrechts.

1968
Mauritius wird ein unabhängiger Mitgliedsstaat im britischen Commonwealth of Nations.

1989
Tourismus wird ein wichtiger Wirtschaftszweig.

1992
Mauritius wird Republik. Ihr Präsident heißt Cassam Uteem.

2000
Bei den Parlamentswahlen siegt die Oppositionsallianz. Neuer Ministerpräsident ist Anerood Jugnauth, 1988 von der Queen geadelt.

2009
Der Tourismus geht aufgrund der weltweiten Wirtschaftskrise um 6,4 % zurück.

2013
Der Tourismus wird angekurbelt: Chinesen können direkt von Schanghai nach Mauritius fliegen.

2017
Tourismus-Analysen zeigen, dass immer mehr Familien nach Mauritius reisen. Hoteliers werden sich sicherlich in der nächsten Zeit auf die neue Klientel einstellen und ihre Angebote noch attraktiver gestalten.

Reisepraktisches von A–Z

ANREISE

Exklusivität garantiert: Obwohl immer mehr Urlauber nach Mauritius kommen, wird es Massentourismus hier wohl kaum jemals geben.

MIT DEM FLUGZEUG

Eines sei gleich vorweggenommen: Der Flug nach Mauritius ist lang. Sehr lang. Je nachdem, wie schnell Sie Anschlussflüge bekommen und von wo aus Sie Ihre Reise starten, sind Sie bis zu 16 Stunden unterwegs. Gerade für Kinder ist ein solcher Marathonflug kein besonders erquickliches Erlebnis. Aber: Wenn Sie diese Stunden überstanden haben und auf Mauritius gelandet sind, werden Sie für all die Strapazen mehr als entschädigt.

Die einfachsten Möglichkeiten bieten die regionale Fluglinie **Air Mauritius**, **Condor,** **Eurowings** oder aber – wer nicht gern 12 Stunden ununterbrochen fliegen möchte – **Emirates**. Air Mauritius startet täglich von Frankfurt und Paris, davon je einmal nonstop; außerdem zweimal wöchentlich von Wien und Zürich. Condor fliegt, je nach Saison, zwei- oder dreimal ab Frankfurt und München. Der Vorteil hier: Sie buchen den Zubringer gleich mit. Eurowings startet von Berlin, Dresden, Hamburg, Köln und Leipzig/Halle. In Österreich von Klagenfurt, Salzburg und Wien.

Emirates fliegt täglich von allen großen Flughäfen über Dubai (ca. dreistündiger Stopp) nach Port Louis. Sicherlich hängt der Service über den Wolken jeweils von der diensthabenden Crew ab, dennoch ist zu bemerken, dass der Service der Air Mauritius im Allgemeinen außergewöhnlich freundlich und zuvorkommend ist. Preislich liegen alle Fluggesellschaften ungefähr auf einem Level: Für einen Platz in der Economyclass zahlen Sie zwischen November und März um die 900–1400 €. Ein Blick ins Internet lohnt sich jedoch: Mit sehr viel Glück kann man dort z. B. über www.condor.com noch einen Flug für ca. 700 € ergattern. Ebenfalls sehr empfehlenswert ist die Website www.tui.com. Geld sparen können Sie eventuell auch, wenn Sie – beispielsweise mit **Air France** (Flüge ab ca. 800 €) – über Paris fliegen. Fünfmal wöchentlich startet Air France vom Flughafen Roissy. Bedenken sollten Sie allerdings, dass Sie aufgrund der Anreise bei dieser Variante eventuell länger unterwegs sind.

Der Flughafen **Sir Seewoosagur Ramgoolam** liegt bei Plaisance im Südosten der Insel, nur 3 km von Mahébourg entfernt. Nach und nach wird der Flughafen ständig erweitert, denn es kommen immer mehr Urlauber nach Mauritius. Inzwischen sind es pro Jahr knapp 1 Mio. In den nächsten Monaten und Jahren werden einige Hotels neu gebaut und eröffnet.

Darauf haben natürlich längst auch die Reiseveranstalter in Deutschland reagiert. Es lohnt sich also in jedem Fall zu vergleichen. Die wichtigsten Anbieter sind Airtours, Feria, Meyer's Weltreisen, die Neckermann-Tochter Terramar und die TUI. Ihre Offerten sind sehr unterschiedlich; sie reichen von Ferien in einfacheren Mittelklassehotels bis zu All-inclusive-Angeboten für Hochzeitsreisende.

Auf www.atmosfair.de und www.myclimate.org kann jeder Reisende durch eine Spende für Klimaschutzprojekte für die CO_2-Emission seines Fluges aufkommen.

TRANSFER ZUM HOTEL

Pauschalurlauber werden in der Regel von einem Hotel-Shuttledienst vom Flughafen abgeholt. Haben Sie individuell gebucht, werden Sie von wartenden Taxifahrern gefragt, ob man Sie denn chauffieren dürfe. Kein Problem, nur handeln Sie vorher einen Festpreis aus. Eine Fahrt in den Norden darf nicht mehr als 1200 Rs kosten; sie dauert bis zu eineinhalb Stunden.

Geld wechseln können Sie gleich nach Ihrer Ankunft im Flughafengebäude. Dort finden Sie auch einen Duty-free-Shop, eine Touristen-Information sowie verschiedene Autovermietungen.

Wer's ganz extravagant möchte und mit der Air Mauritius anreist, kann sich auch von einem Hubschrauber der Airline abholen lassen. Der Flug ist schnell und ein unvergessliches Erlebnis. Gebucht wird dieser Transfer gleich mit dem Flug.

Wer auf eigene Faust reist, muss vor der Abreise unbedingt daran denken: Lassen Sie sich Ihren Rückflug telefonisch, im Büro der Fluggesellschaft oder direkt am Flughafen bis 48 Stunden vor Abflug bestätigen.

Kontaktadressen der Fluggesellschaften
Air Mauritius
www.airmauritius.com
– Güterplatz 6, 60327 Frankfurt/Main • Tel. 0 69/24 00 19 99

Condor
Tel. 0 180/6 76 77 67 • www.condor.com

Emirates
Tel. 06 99/45 19 20 00 • www.emirates.com

MIT DEM SCHIFF

Einige wenige Kreuzfahrtschiffe machen auf Mauritius halt. Anbieter von Mauritius-Kreuzfahrten sind z. B. die Kreuzfahrtlinien Costa (www.costa-kreuzfahrten.de), Cunard (www.cu-nard.de) oder auch MSC (www.msc-kreuzfahrten.de).

Wer von Réunion nach Mauritius übersetzen möchte, kann mit der »Mauritius Pride« anreisen. Der Frachter mit Personenbeförderung verkehrt – allerdings ohne festen Fahrplan – meistens zwei- oder dreimal im Monat. Der Trip dauert rund zehn Stunden, zu buchen bei:

Mauritius Shipping Corporation
▸ Klappe hinten, nordwestl. f 1

Nova Building, Military Road 1, Port Louis • Tel. 2 16 97 60 • www.mauritiusshipping.net

AUSKUNFT
IN DEUTSCHLAND
Mauritius Tourism Promotion Authority
c/o Aviareps Tourism PR
Josephspitalstr. 15, 80331 München • Tel. 0 89/5 52 53 34 03 • www.tourism-mauritius.mu/de

IN ÖSTERREICH UND IN DER SCHWEIZ
Mauritius Tourism Information Service
c/o PRW Public Relations + Werbe AG
Kirchenweg 5, 8032 Zürich • Tel. 0 44/2 86 99 53 • www.mauritius.net

Reisende aus Österreich können sich an die Büros in Deutschland oder der Schweiz wenden.

AUF MAURITIUS

MTPA (Mauritius Tourism Promotion Authority) ▶ Klappe hinten, a 4
4–5th Floor Victoria House, Rue St. Louis, Port Louis • Tel. 2 03 19 00 • www.tourism-mauritius.mu

BUCHTIPPS

Mohamad N. Asfahani: Mauritische Küche (Asfahani Verlag, 1993). Ein Muss für jeden, der die mauritische Küche liebt. In diesem Buch findet man die wichtigsten Koch- und Backrezepte der Einheimischen von Mauritius, der Nachbarinsel Rodrigues und den Seychellen.

Charles Baissac, Walter Sauer: Märchen aus Mauritius (Edition Tintenfaß, 2006). Charles Baissac sammelte diese mauritischen Märchen im 19. Jh. und veröffentlichte sie erstmals im Jahre 1888. Von Walter Sauer wurden sie in einer zweisprachigen Ausgabe herausgegeben. Er möchte den Deutschen die Kultur der Mauritier näherbringen.

David Quammen: Der Gesang des Dodo (List-Verlag, 2004) Der ausgestorbene flugunfähige Vogel von Mauritius, der Dodo, ist Teil der Geschichte von Mauritius, von der in dem Buch berichtet wird.

Jacques-Henri Bernardin de Saint-Pierre: Paul und Virginie (Dodo-Press, 2005) In seiner wunderschönen Geschichte von Paul und Virginie schildert der Autor die unglückliche Liebe zweier junger Menschen. Der Leser bekommt nebenbei einen Einblick in die fantastische Natur der grünen Tropeninsel. Das Buch ist ein Klassiker der mauritischen Literaturgeschichte, in deutscher Sprache jedoch nur noch antiquarisch erhältlich. Ein Denkmal für die Liebenden steht in Curepipe.

DIPLOMATISCHE VERTRETUNGEN

Deutsches Honorarkonsulat 📗 E 3
Route Royale, St. Antoine, Goodlands • Tel. 2 83 75 00

Österreichisches Honorarkonsulat ▶ Klappe hinten, a 1
MSC House, Old Quay D Road, Port Louis • Tel. 2 02 68 68

Generalkonsulat der Schweizerischen Eidgenossenschaft 📗 C 5/6
Avenue des Hirondelles 24, Quatre Bornes • Tel. 4 27 55 07

EINREISE

Ein Visum ist nicht erforderlich. Reisende aus der EU und der Schweiz benötigen nur einen Reisepass, der noch mindestens sechs Monate gültig ist, und ein Rückflugticket. Nach der Landung müssen Sie jedoch ein Einreisevisum ausfüllen.

FEIERTAGE

Es gibt viele offizielle Feiertage auf Mauritius. Feste Daten sind:
1./2. Januar Neujahr
1. Februar Abschaffung der Sklaverei
12. März Tag der Unabhängigkeit
1. Mai Tag der Arbeit
15. August Mariä Himmelfahrt
1. November Allerheiligen
2. November Tag der Arbeiter
25. Dezember Weihnachten
Andere religiöse Feiertage der unterschiedlichen Glaubensrichtungen unterliegen flexiblen Daten, z. B.:

Februar Chinesisches Neujahr
März/April Ougadi (Neujahr nach südindischem Kalender)

FESTE UND EVENTS

JANUAR

Silvester/Neujahr

Die ersten beiden Januartage sind staatliche Feiertage. In der Nacht vom 31. Dezember auf den 1. Januar werden auf der ganzen Insel Feuerwerke entzündet.

Yaum un Nabi

Im moslemischen Teil der mauritischen Bevölkerung feiert man im Januar das Fest Yaum un Nabi, an dem man an den Tod Mohammeds erinnern möchte. Die gläubigen Moslems begehen diesen Tag mit Gesang und Koranlesungen.

Cavadee

Zehn Tage wird das große Fest der Tamilen aus Südindien vorbereitet. Sie leben in dieser Zeit enthaltsam und lesen in ihrer Heiligen Schrift. Auf dem Höhepunkt des Festes tragen Gläubige – um Buße zu tun – den »cavadee«, einen schweren Holzbogen, zum Tempel.
Mitte Januar

JANUAR/FEBRUAR

Chinesisches Neujahrs- oder Frühlingsfest

Das traditionelle Chinesische Neujahrsfest – heute auch Frühlingsfest genannt – richtet sich nach dem chinesischen Mondkalender. Es beginnt immer bei Tagesanbruch. Nachdem China 1921 seine Zeitrechnung an den gregorianischen Kalender angepasst hatte, wurde das traditionelle Neujahrsfest kurzerhand in »Frühlingsfest« umgetauft. Für das chinesische

Verständnis hat der Neujahrstag eine starke symbolische Bedeutung. Der Verlauf des gesamten folgenden Jahres hängt von dem Fest ab und ist damit richtungsweisend. Man sollte also auf jeden Fall diesen feierlichen Tag fröhlich beginnen. Man sollte positiv denken und nicht vergessen, Freunden, Bekannten und auch Fremden eine Freude zu bereiten.

Wichtig ist ebenfalls, dass man den ganzen Tag keine Scheren und Messer benutzen sollte. Die Glücksfarbe Rot beherrscht den ganzen Tag. Mit viel Lärm explodieren Knallkörper, junge Männer tanzen in Drachenkostümen durch die Straßen, denn schließlich sollen die bösen Geister vertrieben werden. Am Neujahrsfest werden vor allem Freunde und Verwandte besucht. Jugendliche schätzen diesen Tag aber vor allem deshalb, weil sie dann ausgelassene Partys feiern können.

Die älteren und traditionsbewussten Chinesen spielen nach einem Familienessen eine Partie Mah-Jongg. Manche nutzen diesen Tag der Freude aber auch für ein Glücksspiel in einem der Spielcasinos der Insel.

Chinesisches Laternenfest

Aber mit dem Neujahrsfest ist es noch nicht vorbei: Gleich im Anschluss beginnt bei den Chinesen das Laternenfest. Es beendet sozusagen die Feierlichkeiten. Mithilfe der Laternen möchte man den guten Geistern den rechten Weg weisen. Um das zu erreichen, bindet man die Laternen an Häuser und Boote.

Maha Shivaratree

Die gläubigen Hindus machen sich auf den Weg zum **Grand Bassin** (▸ MERIAN Tipp, S. 17), einem See

mit heiligem Wasser im Süden der Insel. Sie bringen Opfergaben zu Ehren des Gottes Shiva, kleine Lichter werden auf Bananenblättern ins Wasser gesetzt. Die Gebete werden über Lautsprecher übertragen.
Ende Februar/Anfang März

MÄRZ
Holi
Das indische Farbenfest hat einen relativ außergewöhnlichen Ursprung: Eine Legende erzählt von Brahlada, der sich nach dem Tod seiner Tante Holika – seine Zuneigung zu ihr hielt sich offensichtlich in Grenzen – derartig freute, dass er ein großes Fest veranstaltete.
Heute beglückwünscht man sich in dieser Zeit und füllt gefärbtes Wasser in Plastiktüten ab, man besorgt sich bunten Puder, um all diese Farbenpracht auf seinen Freunden und Bekannten zu verteilen.
Anfang März

Nationalfeiertag
1968 löste sich Mauritius von Großbritannien, ein unabhängiger Staat entstand. Das wird auf der ganzen Insel gefeiert.
12. März

MÄRZ/APRIL
Ostern
Christen pilgern in der Karwoche zu ihren jeweiligen Dorfkirchen.

MAI
Bekannt sind die großen chinesischen Drachen schon lange – spätestens aus Kino- oder Fernsehfilmen. Ursprünglich stammen diese langen, von unzähligen Tänzern bewegten Drachenfiguren aus Hongkong. Dort ziehen sie regelmäßig durch die Stra-

ßenschluchten – zu Ehren der Göttin des Himmels. Aber auch auf Mauritius ist dieses Schauspiel, vielleicht mit etwas kleineren und kürzeren Drachen, zu sehen.
Mitte Mai

JUNI
Eid-Ul-Fitr
In dieser Zeit endet 2017–2019 bei den Moslems der Fastenmonat Ramadan. Das wird mit Gebeten und vielen Geschenken sowie einem großen Festmahl gefeiert.

Fronleichnam
Der christliche Teil der Bevölkerung versammelt sich in Port Louis zu einer großen Prozession.

AUGUST
Mariä Himmelfahrt
Mariä Himmelfahrt ist wie in Teilen Europas auch auf Mauritius ein Feiertag. Er wird von der christlichen Bevölkerung in den Kirchen gefeiert.
15. August

AUGUST/SEPTEMBER
Père-Laval-Tag
▶ MERIAN Tipp, S. 15

Eid-el-Adha
Mit dem Fest Eid-al-Adha feiern und erinnern moslemische Mauritier an die Geschichte von Abraham und Isaak. Man betet und singt gemeinsam, und abends wird mit Freunden Lamm gegessen.

Ganesh Chaturthi
Das hinduistische Fest Ganesh Chaturthi wird zu Ehren des elefantenköpfigen Gottes Ganesh gefeiert. Ganesh zählt im Hinduismus zu den höchsten Göttern, ein Gott, der die

Energie Shivas verkörpert. Er ist durch und durch gut und positiv konnotiert, verhilft zu Erfolg und Glück bei geschäftlichen und auch privaten Angelegenheiten.

OKTOBER
Divali
Die Hindus feiern, dass das Gute über das Böse siegt. Divali zählt zu den fröhlichsten aller Hindu-Feste. Familien zünden vor ihren Häusern Öllampen an und erinnern daran, dass Rama aus dem Exil zurückgekehrt ist, nachdem er seinen Gegner Ravana besiegt hatte.
Oktober, zur Zeit des Neumonds

OKTOBER/NOVEMBER
Ganga Asnan
Zu Ehren des Gottes Rama verwandeln Hindus die Insel in ein Meer von Lichtern. Bunte Lampen werden vor die Häuser gestellt, Kinder entzünden Feuerwerke. Dem Gott werden Opfergaben wie Mehlspeisen und Kokosnüsse, Sandelholz und Kampfer dargebracht.
Oktober/November

NOVEMBER
Allerheiligen
Um Allerheiligen werden die Gräber auf allen Friedhöfen mit vielen Blumen farbenfroh geschmückt. Ungewöhnlich ist, dass manchmal eine Flasche Rum, eine Packung Zigaretten oder auch die Lieblingsspeise des Verstorbenen hinterlegt wird.
1. November

DEZEMBER
Teemeedee
Meist um die Weihnachtszeit herum veranstalten die Hindus ihre speziellen Zeremonien zu Ehren einiger ihrer Gottheiten. Beispielsweise Draupadee, Mariamen und Kali. Der Höhepunkt dieser Feierlichkeiten ist der Lauf über glühende Kohlen. Wochenlang bereiten sich die Gläubigen auf diesen Moment durch Fasten, Gebete und Meditationen vor. Den Segen eines Priesters erhalten sie unmittelbar, bevor sie über die glühende Masse laufen. Unter den anfeuernden Zurufen der Zuschauer rennen sie los.

Weihnachten
Das Christfest wird auf Mauritius im Familienkreis und in den Hotels erst am 25. Dezember gefeiert. Aber schon am Vortag werden häufig die Weihnachtsbäume mit bunten Luftballons und mit farbigen Lichterketten geschmückt.
25. Dezember

FKK
FKK und »oben ohne« ist an öffentlichen Stränden absolut unangebracht und wird auch nicht akzeptiert. Auch in den Hotels sollte man aus Rücksicht auf das einheimische Personal auf zu freizügige Kleidung lieber verzichten.

FOTOGRAFIEREN
Die Freundlichkeit der Mauritier lässt es zu, dass Touristen ihre Kamera überall benutzen können. Fotografieren Sie Einheimische aber bitte nur mit deren Erlaubnis, vor allem Moslems. Für diejenigen, die nicht digital fotografieren: Filme sind überall erhältlich, aber sie sind sehr teuer. Kaufen Sie am besten keine lichtempfindlichen Filme! Das enorm helle Tropenlicht lässt die Farben zu einem kontrastlosen Einheitsbrei werden.

GELD

100 Rs . . . . 2,54 € / 2,73 SFr
1 € . . . . 36,47 Rs
1 SFr . . . . 33,87 Rs

Die mauritische Rupie (Rs) ist unterteilt in 100 Cents (cs). Banknoten werden in Scheinen zu 1000 (blau), 500 (braun), 200 (grün), 100 (rot), 50 (blau) und 10 (grün) Rupien ausgegeben. Münzen gibt es zu 10, 5 und 1 Rs, darüber hinaus sind Münzen zu 50, 25, 20, 10 und 5 Cent im Umlauf. Banken sind meistens montags bis freitags von 9.15 bis 15.15 Uhr geöffnet, einige große auch samstags von 9.15 bis 11.15 Uhr. Die Banken am Flughafen öffnen immer dann, wenn Flugzeuge landen oder starten. In Grand Baie haben die Wechselstuben montags bis samstags von 8 bis 18 Uhr geöffnet, sonntags von 9 bis 14 Uhr.

GESCHÄFTSZEITEN

In Port Louis: montags bis freitags von 9 bis 17, samstags von 9 bis 12 Uhr. In den Touristenorten wie in Grand Baie haben die Geschäfte jeweils eine Stunde länger geöffnet. Märkte beginnen in der Regel morgens um 6 und enden um 18 Uhr.

GESUNDHEITSVORSORGE

Obwohl Sie in ein tropisches Urlaubsland fahren, gehört Mauritius zu den eher unbedenklichen Zielen. Die ärztliche Versorgung sowie der Gesundheitsstandard sind auf Mauritius sehr gut. Die Gefahr, an Malaria zu erkranken ist gering, eine Malariaprophylaxe wird von kaum einem Arzt empfohlen. Zu empfehlen ist die Mitnahme einer kleinen Reiseapotheke, um schnell selbst eingreifen zu können, wenn Sie sich erkälten sollten oder eine kleinere Verletzung zugezogen haben. Wichtig: Sie sollten auf jeden Fall einen wirksamen Mückenschutz mitnehmen!

Urlaubsreisende, die ständig Medikamente einnehmen müssen, sollten sich von ihrem Arzt ein Rezept ausstellen lassen und die Medikamente in der Originalverpackung mit sich führen, denn einige Medikamente unterliegen auf Mauritius einer Einfuhrbeschränkung.

GLÜCKSSPIEL

Inzwischen gibt es sehr viele Casinos, sowohl in den größeren Hotelanlagen wie auch in Port Louis. Bekleidungsregeln gibt es kaum. In allen Casinos der Insel geht es sehr gesittet zu. Die meistgespielten Glücksspiele sind Roulette und Black Jack. Keine Automatenhallen.

HEIRATEN

Mauritius gehört zu den beliebtesten Urlaubsinseln für **Honeymooner** und Heiratswillige. Wenn Sie hier den Bund fürs Leben schließen wollen, müssen Sie ein Formular ausfüllen, in dem Sie bescheinigen, dass Sie weder mauritischer Staatsangehöriger sind noch einen Wohnsitz auf der Insel haben. Schon einen Tag nach dem Aufgebot können Sie sich das Jawort geben. Die großen Hotels sind bestens auf Hochzeitsreisende eingestellt und haben verschiedene Angebote für Flitterwöchner und Heiratswillige im Programm.

INFORMATIONEN
Registrar of Civil Status

▶ Klappe hinten, c 4

7th Level, Emmanuel Anquetil Building, Port Louis • http://csd.pmo.govmu.org

SPEZIALVERANSTALTER IN DEUTSCHLAND
Reiseservice Africa
Bauseweinallee 4a, 81247 München •
Tel. 0 89/8 11 90 15 • www.reise
service-africa.de

LINKS
www.mauritius.net
Gibt Antworten auf fast jede Frage.
Interessant ist die Website für alle,
die sich erstmals informieren wol-
len. Auch Hotelangebote.
www.mauritius-guide.de
Ist ebenfalls eine deutschsprachige
Seite, auf der man einen Eindruck
davon erhält, was man wo benötigt
oder erwarten kann.
www.mauritius-tipps.de
Ob Ausflüge oder Hotels – hier fin-
det man alles rund um einen Urlaub
auf der Insel.
www.tourism-mauritius.mu
Informationen auch z. B. für einen
Aufenthalt auf der Nachbarinsel
Rodrigues.

MEDIZINISCHE VERSORGUNG
KRANKENVERSICHERUNG
Die medizinische Versorgung ist in
den Städten und den Touristenzen-
tren gut. Impfungen sind nicht vor-
geschrieben. Nur wer aus einem in-
fizierten Gebiet anreist, muss sich
gegen Gelbfieber impfen lassen. Der
Abschluss einer Auslandsreisekran-
kenversicherung ist ratsam.

ÖFFENTLICHE KRANKENHÄUSER
Doctor Jeetoo Hospital
▶ Klappe hinten, b 5/6
Rue Volcy Pougnet, Port Louis •
Tel. 2 03 10 01

Sir Seewosagur Ramgoolam
National Hospital ▮▮ D 4
Pamplemousses • Tel. 2 09 35 00

PRIVATE KRANKENHÄUSER
City Clinic ▶ Klappe hinten, f 3
Sir Edgar Laurent Street, Port Louis •
Tel. 2 41 29 51

Clinique Ferrière ▶ S. 85, b 1
College Lane, Curepipe •
Tel. 6 76 33 32

APOTHEKEN
Apotheken finden Sie gut verteilt auf
der ganzen Insel. Sie sind montags bis
samstags von 8.30 bis 18 Uhr geöffnet;
das Arzneisortiment orientiert sich an
westlichen Maßstäben. Sie sollten auf
jeden Fall ein Mittel mitnehmen, das
Sie vor Mücken schützt.

NOTRUF
Polizei und Krankenwagen:
Tel. 9 99
Feuerwehr: Tel. 9 95

NEBENKOSTEN
1 Tasse Kaffee . . . . 2,00–5,00 €
1 Bier . . . . 3,00–5,00 €
1 Cola . . . . 3,00–5,00 €
1 Hühnercurry . . . . ab 3,50 €
1 Schachtel Zigaretten . . . . ca. 5,00 €
1 Liter Benzin . . . . ca. 2,00 €
1 Busticket . . . . ab 1,50 €
Mietwagen/Tag . . . . ab 35,00 €

POST
Das Hauptpostamt befindet sich in
der Quay Street in Port Louis. Öffnungszeiten: montags bis freitags von
8.15 bis 11.15, von 12 bis 16 sowie
samstags von 8 bis 11.45 Uhr. Ein
Brief nach Deutschland kostet ab
17 Rs, eine Postkarte ab 14 Rs. Die
Briefkästen sind rot.

REISEDOKUMENTE
Deutsche, Österreicher und Schwei-
zer benötigen einen Reisepass, der

mindestens sechs Monate über die Reisezeit hinaus gültig sein muss, sowie ein Rückflugticket. Kinder unter 16 Jahren benötigen einen Kinderausweis mit Lichtbild bzw. einen Kinderreisepass.

REISEKNIGGE

Reisende sollten auf Mauritius – wie überall – besonders die religiöse Etikette respektieren. Und diese sind aufgrund der vielen verschiedenen Religionen zahlreich. Vor allem Moslems und Hindus haben andere Vorstellungen und Gesetze, was die Freizügigkeit anbelangt. Bei Besuchen der religiösen Stätten sollte man auf dezente Kleidung achten. Das heißt: wenig Haut zeigen! Vor dem Betreten eines Tempels oder einer Moschee zieht man die Schuhe aus. Auch sollte man darauf verzichten, Menschen ungefragt zu fotografieren. FKK ist an den Stränden von Mauritius nicht erlaubt.

REISEWETTER

Das tropische Meeresklima des Indischen Ozeans sorgt im Sommer (November bis April) für Durchschnittstemperaturen von 30 °C, in der kühleren Jahreszeit (Mai bis Oktober) sind es noch 20 °C. Im Dezember beginnt eine regenreichere Zeit. Im November beginnt die Jahreszeit, in der vermehrt Zyklone auftreten. Diese Saison geht bis Februar. Die trockensten Monate sind September und Oktober. Die Wassertemperatur schwankt zwischen 22 und 27 °C. Auskünfte gibt es beim Wetterdienst in Vacoas unter Tel. 6 86 10 31.

SEGA

Typisch mauritisch ist Sega, die ehemalige Musik der Sklaven, die von einem faszinierenden Tanz begleitet wird. In den größeren Hotels werden Sega-Abende veranstaltet. Nach der offiziellen Show bringen Einheimische gerne tanzwilligen Urlaubern die Grundschritte bei.

TELEFON

Vorwahlen

D, A, CH ▸ Mauritius 0 02 30
Mauritius ▸ D 00 49
Mauritius ▸ A 00 43
Mauritius ▸ CH 00 41

Öffentliche Telefone funktionieren mit Karten von der Mauritius Telecom (MT); es gibt sie in verschiedenen Geschäften. Meistens finden Sie öffentliche Telefonzellen vor Polizeistationen. Handys funktionieren auf den D1- und D2-Netzen. Auf der Insel hat sich ein eigenes Netz etabliert (**Emtel,** www.emtel.com).
Deutsche Mobiltelefone funktionieren zwar hervorragend auf Mauritius, nur zahlen Sie für eine Minute, je nach Anbieter, um die 4 €. Es lohnt sich, eine mauritische Prepaid-Karte zu kaufen (z. B. Orange oder Emtel), denn Ihre Kosten reduzieren sich so auf unter 1 € pro Minute.

TOUREN

Ticabo Diving Center   B 6
Ticabo verfügt über ein großes Team an erfahrenen und sehr ambitionierten Tauchern, die den Touristen die schönsten Ecken des Indischen Ozeans rund um Mauritius zeigen. Ob einfache, kurze Touren oder Tauchsafaris mit Kamera, mit oder ohne Delfinbeobachtung: Hier werden einem so ziemlich alle Wünsche erfüllt.
Royal Road, Flic en Flac • Tel. 4 53 52 09 • www.dive-ticabo.com

Mautourco   ▶ S. 85, c 3

Mautourco bietet schöne Schiffs- und Landausflüge sowie Golftouren, hilft bei der Hotelsuche oder bei der Hochzeitsplanung.
www.mautourco.com

Sportfisher Charters   D 3

Von November bis April ist die beste Zeit zum Hochseefischen. Geangelt werden beispielsweise Barrakudas, Bonitos, Blaue und Schwarze Marlins oder Thunfische.
Sunset Boulevard, Grand Baie • Tel. 2 63 83 58 • www.sportfisher.com

TRINKGELD

Erwartet wird es nicht, aber sicher freuen sich alle Bediensteten über maximal 10 % des Rechnungsbetrages als Trinkgeld.

TRINKWASSER

Trinken können Sie das Wasser aus dem Hahn schon, aber es ist unglaublich stark gechlort.

VERKEHR

Wer eine individuell ge+führte Tour über die Insel machen möchte, sollte sich ein Taxi für einen oder auch für mehrere Tage mieten. Hotels helfen bei der Auswahl der Fahrer gern

weiter. Ein guter Service wird von www.taxi-maurice.com und von www.mauritius-taxi.de geboten.

HUBSCHRAUBER

Wer es extravagant liebt, kann mit Air Mauritius auch einen Inselrundflug per Hubschrauber unternehmen. Dabei bekommt man einen herrlichen Überblick über die gesamte Insel. Buchung bei:

Air Mauritius Helicopter Service   E 7

SSR International Airport • Tel. 6 03 37 54 • www.airmauritius.com

MIETWAGEN

Eines steht fest: Das Erlebnis, mit einem Leihwagen auf Mauritius unterwegs zu sein, könnte man durchaus als abenteuerlich bezeichnen. Und das aus den verschiedensten Gründen: Zum einen herrscht auf Mauritius Linksverkehr. Das erfordert schon höchste Konzentration. Zum anderen ist der Fahrstil der Mauritier ausgesprochen gewöhnungsbedürftig: Es wird überholt, wo und wie auch immer. In Kurven, vor Kurven, bei wetterbedingt schlechter Sicht und auch auf der Gegenfahrbahn am Stau vorbei. Dazu kommt, dass – in

Klima (Mittelwerte)	JAN	FEB	MÄR	APR	MAI	JUN	JUL	AUG	SEP	OKT	NOV	DEZ
Tagestemperatur	30	30	30	29	27	25	24	24	25	26	29	30
Nachttemperatur	24	24	23	22	21	19	18	18	19	20	22	23
Sonnenstunden	7	7	6	7	7	6	6	6	7	8	8	8
Regentage pro Monat	12	11	11	9	7	6	6	6	4	4	4	7
Wassertemperatur	27	27	27	27	25	24	23	22	23	23	24	25

Ermangelung von Gehwegen – auch die Fußgänger auf der Fahrbahn unterwegs sind.

In der Dunkelheit gilt es, besonders aufmerksam zu fahren. Häufig sind die Fahrzeuge schlecht oder gar nicht beleuchtet, die Fahrer auch mal angetrunken. Streunende Hunde laufen über die Fahrbahn. Wenn schon ein Leihwagen, dann sollten Sie eines der stabileren Autos mieten und nicht gerade einen offenen Mini-Moke. Unfälle sind auf Mauritius leider an der Tagesordnung.

Die Straßenverhältnisse des insgesamt rund 1600 km langen Netzes sind dagegen teilweise hervorragend. Vor allem auf der einzigen Schnellstraße, auf der Sie vom Flughafen Plaisance im Südwesten der Insel bis hoch in den Norden gelangen. Der einzige Nachteil: Die Straße führt durch die Hauptstadt Port Louis und ist damit die Hauptverkehrsader der Insel. Morgens im Berufsverkehr und nachmittags nach Büroschluss ist diese Straße jedoch hoffnungslos überfüllt. Man steht dann – wenn man Pech hat – stundenlang im Stau. Andere, vor allem kleine Straßen der Insel sind kurvenreich und unübersichtlich. Vorsicht: Nach heftigen Regenfällen können Teile der Fahrbahn kurzzeitig unter Wasser stehen! Generell darf jeder, der einen Führerschein hat, ab 23 Jahren auf Mauritius einen Wagen lenken. Allerdings gibt es neuerdings eine kleine Einschränkung: Die Fahrerlaubnis muss seit mindestens einem Jahr gültig sein.

Die **Höchstgeschwindigkeit** beträgt in den Ortschaften 50 km/h und auf Landstraßen 80 km/h. Der internationale Führerschein muss noch mindestens ein Jahr gültig sein.

Die nördliche Ost-West-Verbindung zwischen Terre Rouge und Rivière du Rempart ist eine Großbaustelle; die Bauarbeiten dauerten bei Redaktionsschluss noch an. Diese Strecke sollten Sie weiträumig umfahren.

Ein Mietwagen kostet, je nach Fabrikat, ca. 35 € pro Tag, der Liter Benzin um die 2 €. Tankstellen sind vielleicht nicht gerade üppig vorhanden, aber dennoch gut verteilt.

AGENTUREN FÜR MIETWAGEN
Sie finden sie am Flughafen oder in den großen Hotels, z. B.

Avis   E 7
International Airport, Plaisance • Tel. 6 37 31 00 • www.avismauritius.com

CarDelMar   E 7
Bei CarDelMar kann man sehr preisgünstig einen Wagen online buchen. International Airport, Plaisance • www.cardelmar.de

Europcar   C 5
Autoroute M, Pailles • Tel. 2 86 01 43 • www.europcar.com

Hertz   E 7
International Airport, Plaisance • Tel. 8 00 23 33 • www.hertz.mu

Maki Car Rental
Autos werden zum Hotel geliefert. Tel. 52 50 12 60 • www.maki-car-rental.com

Sixt   E 7
International Airport, Plaisance • Tel. 23 02 01 11 11 • www.sixt.de

TAXI
Nehmen Sie sich für einen Tag ein Taxi und erkunden Sie die Insel. Die

Fahrt mit dem Taxi ist entspannender, als sich im Mietwagen dem Linksverkehr auszusetzen. Fast jedes Hotel bietet einen Fahrdienst für einen Pauschalpreis an. Die hilfsbereiten Fahrer bringen Sie an jeden gewünschten Fleck und halten auch an, wenn Sie fotografieren möchten. Die Taxis sind in einem guten Zustand: Die Unternehmer sind auch verpflichtet, nach zehn (bei Hoteltaxis) bzw. 15 Jahren (bei Privattaxis) die Wagen auszutauschen.

Taxameter oder ähnliche Möglichkeiten, um die Preise zu überprüfen, finden Sie selten. Oder sie werden gleich abgestellt, da Touristenfahrten meist pauschal abgerechnet werden. Handeln Sie mit Ihrem Taxifahrer einen Preis aus, nachdem Sie die Tarife im Hotel abgesprochen haben. Oder Sie nehmen sich ein Hoteltaxi mit festgelegten Tarifen. Eine Fahrt vom Flughafen nach Port Louis kostet ca. 800 Rs.

ZEITVERSCHIEBUNG
Auf Mauritius gilt die Mauritius Time (MEZ + 3 Std.).

ZOLL
Die Einfuhr von Obst, Gemüse, Fleisch, Pflanzen und Samen sowie von pornografischen Fotos oder Filmen ist verboten. Auf Import und Besitz von Drogen steht die Todesstrafe! Die Einfuhr von Zigaretten ist auf eine Stange pro Person beschränkt. Reisende aus Deutschland und Österreich dürfen Waren im Wert von 430 € (Jugendliche: 175 €) abgabenfrei mit nach Hause nehmen, Reisende aus der Schweiz im Wert von 300 SFr. Die Waren müssen für den privaten Gebrauch vorgesehen sein. Tabakwaren und Alkohol fallen nicht unter diese Wertgrenze und bleiben in bestimmten Mengen abgabenfrei (z. B. 200 Zigaretten, 4 l Wein). Weitere Auskünfte unter www.zoll.de, www.bmf.gv.at/zoll und www.zoll.ch

ENTFERNUNGEN (IN KM) ZWISCHEN WICHTIGEN ORTEN

	Áeroport	Belle Mare	Chamarel	Curepipe	Goodlands	Grand Baie	Mahébourg	Pamplemousses Gardens	Port Louis	Souillac
Áeroport	–	50	46	23	70	70	7	56	46	25
Belle Mare	50	–	65	35	27	47	43	31	45	75
Chamarel	46	65	–	31	66	62	50	52	42	28
Curepipe	23	35	31	–	47	43	30	33	23	30
Goodlands	70	27	66	47	–	11	77	14	24	77
Grand Baie	70	47	62	43	11	–	73	16	20	73
Mahébourg	7	43	50	30	77	73	–	63	50	32
Pamplemousses Gardens	56	31	52	33	14	16	63	–	10	63
Port Louis	46	45	42	23	24	20	50	10	–	53
Souillac	25	75	28	30	77	73	32	63	53	–

Orts- und Sachregister

Wird ein Begriff mehrfach aufgeführt, verweist die **halbfett** gedruckte Zahl auf die Hauptnennung. Abkürzungen: Hotel [H], Restaurant [R]

Amigo Restaurant [R, Cap Malheureux] 58
Andrea Lodges [H, Rivière des Anguilles] 76
Anreise 112
Anse Ally [Rodrigues] 104
Anse Jonchée **66**, 93
Apotheken 119
Auskunft 113

Baie du Jacotet 97
Balfour Gardens [Beau Bassin] 55
Beachcomber Le Shandrani [R, Mahébourg] 92
Beau Bassin 55
Belle Mare 66
Belle Mare Plage [MERIAN TopTen, Belle Mare] **37**, 67, 92
Bevölkerung 108
Biscuiterie H. Rault [Mahébourg] 72
Blue Bay 37
Blue Penny Museum [Port Louis] 10, **48**
Bois Chéri Tea Factory [Bois Chéri] 76
Botanischer Garten [Curepipe] 83
Buchtipps 114

Café Müller [R, Grand Baie] 61
Café Valse de Vienne [R, Pamplemousses] 100
Cap Malheureux 37, **57**, 98
Casela Nature & Leisure Park [Cascavelle] **39**, 95
Chamarel **82**, 95, 96
Champ de Mars [MERIAN TopTen, Port Louis] 46

Château Mon Désir [R, MERIAN Tipp, Baie aux Tortues] 14
Chez Manuel [R, St-Julien d'Hotman] 69
Chez Patrick [R, Mahébourg] 71
Chez Rosy [R, Souillac] 13, **79**
Chez Tino [R, Trou d'Eau Douce] 69
Chinesische Garküchen [R, Port Louis] 11, **52**
Club Méditerranée [H, Pointe aux Canonniers] 61
Coin de Mire 58
Constance Belle Mare Plage [H, Belle Mare] 69
Côté Jasmin [R, Port Louis] 53
Cotton Bay Hotel [H, R, Rodrigues] 102
Curepipe **83**, 95
Curious Corner of Chamarel [Chamarel] 82
Curry 26

Der Norden 56
Der Osten 64
Der Süden 74
Der Westen 80
Dinarobin Hotel Golf & Spa [H, R, Le Morne] 96
Diplomatische Vertretungen 114
Domaine Anna [R, Medine] 86
Domaine du Chasseur [Anse Jonchée] **66**, 93
Domaine les Pailles [MERIAN TopTen, Pailles] 8, **39**, 54, 94

Einkaufen 28
Einreise 114

Èmeraude Beach Attitude [H, Belle Mare] 69
Esprit Libre [R, Pointe aux Canonniers] 61
Essen und Trinken 24

Fahrrad fahren 33
Familientipps 38
Feiertage 114
Feste und Events 115
First Restaurant [R, MERIAN Tipp, Port Louis] 16
FKK 117
Flame n Grill [R, Curepipe] 84
Flic en Flac 37, **84**
Floréal **86**, 95
Flugzeug 112
Fort Adélaïde [Port Louis] 10, **46**
Fotografieren 117

Geld 118
Geografie 108
Geschäftszeiten 118
Geschichte 110
Gesundheitsvorsorge 118
Gewürzgarten [Domaine les Pailles] 8, **40**
Glücksspiel 118
Golf 33
Goodlands **59**, 98
Government House [Port Louis] **46**, 50
Grand Baie 37, **59**, 98
Grand Baie [Rodrigues] 104
Grand Bassin [MERIAN Tipp] **17**, 94, 95, 96
Grande Pointe aux Piments 37
Green Palm [R, Riambel] 76

Hafenrundfahrt [Port Louis] 41

Happy Rajah
[R, Grand Baie] 62
Heiraten 118
Hilton Mauritius Resort
& Spa [H, R, Wolmar]
85
Historic Marine
[Goodlands] **59**, 98
Hochseefischen 33
Hotel Coin de Mire
[H, Bain Boeuf] 58
Hotel Paul & Virginie
[H, R, Grand Gaube]
98
Hotel Shanti Maurice
[H, Rivière des Ga-
lets] 77
Hubschrauber 121

Île aux Aigrettes 72
Île aux Cerfs 37, **70**, 93
Île Plate 58
Îlot Gabriel 58
Îlot Sancho 97
Indra [R, Domaine les
Pailles] 9, **54**

Jardin de la Compagnie
[Port Louis] 47
Jeanno Burgers [R, Flic
en Flac] 86
Jummah Moschee [Port
Louis] 11, **47**, 50

Kaffee 25
Kitesurfen 33
Krankenhäuser 119
Krankenversicherung
119
Kuxville [H, Cap Mal-
heureux] 58

La Bonne Chute
[R, Tamarin] 86
Labourdonnais Water-
front Hotel
[H, R, Port Louis] 50
La Citadelle [Port Louis]
10, **46**
La Clef des Champs
[R, Floréal] 87
La Dolce Vita [R, Domai-
ne les Pailles] 9, **54**
Lage 108

Lagune Le Morne 37
Lai Min
[R, Port Louis] 52
Lakaz Chamarel
[H, Chamarel] 83
L'Alchimiste
[R, Chamarel] 83
La Licorne
[Rodrigues] 104
Lambic
[R, Port Louis] 52
La Palmeraie
[H, Trou d'Eau Dou-
ce] 69
La Potiniere
[R, Curepipe] 94
La Preneuse 89
La Roche qui Pleure
12, **75**
La Rougaille Créole
[R, Grand Baie] 62
La Vanille Nature Park
[Rivière des Anguilles]
41
L'Aventure du Sucre
[Pamplemousses] 63
La Vieille Cheminée
[Chamarel] 41
Le Café des Arts [R,
Trou d'Eau Douce] 73
Le Capre [R, Cap Mal-
heureux] 58
Le Caudan Waterfront
[MERIAN TopTen, Port
Louis] 29, **46**, 53
Le Fangourin [R,
Pamplemousses] 63
Le Grand Gaube 98
Le Gris Gris [MERIAN
TopTen] 12, **75**, 97
Le Morne Brabant
88, 96
Le Morne Cottage
[H, Le Morne] 88
Le Pescatore [R, Trou
aux Biches] 61
Le Plaza Hotel
[H, Curepipe] 84
Le Pouce 55
Le Preskil Beach Resort
[H, Blue Bay, Pointe
Jerome] 71
Le Rochester Restaurant
[R, Souillac] 13, **79**

Le Saint Georges Hotel
[H, Port Louis] 50
Les Copains d'Abord
[R, Mahébourg] 71
Le Souffleur 97
Le Touessrok [H,
Trou d'Eau Douce] 69
Le Val Nature Park 73
Le Victoria [H, Pointe
aux Piments] 61
Links 119
Lion Mountain 93
LUX* Grand Gaube
[H, Grand Gaube] 59

Mahébourg **70**, 93
Marché Central
[MERIAN Tipp, Port
Louis] **16**, 50
Mare aux Vacoas **95**, 96
Maritim [H, Baie aux
Tortues] 61
Markt [MERIAN TopTen,
Quatre Bornes] 30, **55**
Mauritius-Institut
[Port Louis] 50
Mauritius Museum
Council [Port Louis] 49
Medizinische Ver-
sorgung 119
Mietwagen 121
Modellschiffe 30
Modellschiffe [MERIAN
Tipp, Curepipe] 17
Moka 94
Mon Choisy
[MERIAN Tipp] 15
Mon Choix Ecolodge [H,
R, Vallée des Prêtres]
51
Mon Plaisir
[Pamplemousses] 101
Mont Limon
[Rodrigues] 104
Musée Nautique
[MERIAN TopTen,
Mahébourg] **70**, 93

Naschen zum Nulltarif
[MERIAN Tipp] 15
Naturhistorisches Mu-
seum [Port Louis] 50
Nebenkosten 119
Notruf 119

One & Only Le Saint Géran [H, Poste de Flacq] 69

Palais de Barbizon [R, Chamarel] 83
Palissades [Rodrigues] 104
Palmar 37
Pamplemousses Gardens [MERIAN TopTen, Pamplemousses] 62, 100
Paradise Cove Hotel & Spa [H, Anse la Raie] 58
Paradis Hotel & Golf Club [H, Le Morne] 88
Parasailing 33
Parc National Gorges de la Rivière Noire 81, 95, 99
Paul und Virginie [MERIAN Tipp, Curepipe] 17
Pebbles [R, Rivière des Galets] 78
Père Laval [Port Louis] 47
Père-Laval-Tag [MERIAN Tipp, Sainte-Croix] 15
Péreybère 37
Photography Museum [Port Louis] 49
Piton de la Petite Rivière Noire 99
Plaine Champagne 89, 95
Plantage de l'Ylang Ylang [Anse Jonchée] 66
Pointe aux Canonniers 37
Pointe Coton [Rodrigues] 104
Pointe d'Esny 37
Politik 109
Port Louis 45, 94
Port Mathurin [Rodrigues] 102
Post 119
Post [Port Louis] 50
Poste de Flacq 92
Poste la Fayette 37
Pyramide Snack [R, Mahébourg] 71

Quartier Chinois [MERIAN TopTen, Port Louis] 10, 48, 50
Quatre Bornes 55

Reisedokumente 119
Reiseknigge 120
Reisewetter 120
Reiten 33
Rhumerie de Chamarel [Chamarel] 82
Riambel 12, 76, 97
Rivière de la Chaux 72
Rivière des Anguilles 76
Rivière des Galets 77
Rivière du Rempart 92
Robert Edward Hart Museum [Souillac] 79
Roches Noires 37
Rochester Falls 13, 78, 97
Rodrigues 102
Rose Hill 55
Royal Palm [H, Grand Baie] 61
Rum 27

Sagar Shiv Mandir [Poste de Flacq] 68, 92
Saint-François [Rodrigues] 104
Sands Resort & Spa [H, Wolmar] 86
Schiff 113
Schnorcheln 34
Sega 120
Segeln 34
Shanti Giri Ayurveda Spa [H, Grand Baie] 60
Shopping am Strand [MERIAN Tipp] 15
Signal Mountain [Port Louis] 48
Souillac 78, 97
Sport und Strände 32
Sprache 109
Strände 36
St. Regis [H, Le Morne] 88
Symon's Restaurant [R, Pointe de Flacq] 70

Tamarin 95
Tauchen 34
Tee 25
Telefon 120
Terres des Couleurs [Chamarel] 82, 95
Textilmuseum [Floréal] 87
Theater [Port Louis] 50
The Residence [H, R, Belle Mare] 69, 92
The World of Seashells [La Preneuse] 85
Tides Restaurant [R, Wolmar] 86
Touren 120
Touren und Ausflüge 91
Transfer zum Hotel 113
Trekking 36
Trinkgeld 121
Trinkwasser 121
Trou aux Biches 37
Trou aux Cerfs [Curepipe] 84
Trou d'Eau Douce 37, 73, 92

Übernachten 20
Unterwasser-Safari [Grand Baie] 61

Varangue sur Morne [R, Chamarel] 83
Vegan Heaven [R, Port Louis] 52
Verkehr 121
Verwaltung 109
Vieux Grand Port 93
Villa Eureka [MERIAN TopTen, Moka] 55, 95

Wirtschaft 109
Worldwide Mask Museum [Domaine les Pailles] 54

Zeitverschiebung 123
Zoll 123
Zuckermühle [Domaine les Pailles] 8, 40

ENTDECKER TAUCHEN GERN *live!* EIN.

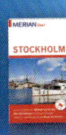

Liebe Leserinnen und Leser,
vielen Dank, dass Sie sich für einen Titel aus unserer Reihe MERIAN *live!* entschieden haben. Wir freuen uns, Ihre Meinung zu diesem Reiseführer zu erfahren. Bitte schreiben Sie uns an merian@graefe-und-unzer.de, wenn Sie Berichtigungen und Ergänzungen haben – und natürlich auch, wenn Ihnen etwas ganz besonders gefällt.
Alle Angaben in diesem Reiseführer sind gewissenhaft geprüft. Preise, Öffnungszeiten usw. können sich aber schnell ändern. Für eventuelle Fehler übernimmt der Verlag keine Haftung.

© 2018 GRÄFE UND UNZER VERLAG
GmbH, München
MERIAN ist eine eingetragene Marke der
GANSKE VERLAGSGRUPPE.

4., unveränderte Auflage 2018

Alle Rechte vorbehalten. Nachdruck, auch auszugsweise, sowie die Verbreitung durch Film, Funk, Fernsehen und Internet, durch fotomechanische Wiedergabe, Tonträger und Datenverarbeitungssysteme jeglicher Art nur mit schriftlicher Genehmigung des Verlages.

**BEI INTERESSE AN DIGITALEN DATEN
AUS DER MERIAN-KARTOGRAPHIE:**
kartographie@graefe-und-unzer.de

**BEI INTERESSE AN MASSGESCHNEI-
DERTEN B2B-EDITIONEN:**
veronica.reisenegger@graefe-und-unzer.de

BEI INTERESSE AN ANZEIGEN:
KV Kommunalverlag GmbH & Co KG
Tel. 0 89/9 28 09 60
info@kommunal-verlag.de

GRÄFE UND UNZER VERLAG
Postfach 86 03 66
81630 München
www.merian.de
LESERSERVICE
merian@graefe-und-unzer.de
Tel. 00800 / 72 37 33 33*
Mo–Do: 9.00 – 17.00 Uhr
Fr: 9.00 – 16.00
(*gebührenfrei in D, A, CH)
REDAKTION
Sylvia Hasselbach, Nadia Turszynsky
LEKTORAT UND SATZ
bookwise, München
BILDREDAKTION
Nora Goth
HERSTELLUNG
Renate Hutt
REIHENGESTALTUNG
La Voilà, Marion Blomeyer & Alexandra Rusitschka, München und Leipzig
Independent Medien Design, Horst Moser, München
KARTEN
Kunth Verlag GmbH & Co. KG für MERIAN-Kartographie
DRUCK UND BINDUNG
Printer Trento, Italien

Ein Unternehmen der
GANSKE VERLAGSGRUPPE

PEFC/18-31-506

BILDNACHWEIS
Titelbild (Wassersport in Mauritius): Shutterstock: leoks
alamy: Arco Images / K.Loos 31, Robert Harding Picture Library Ltd 56, K. Erskine 44, image-BROKER 71, ImageState 64, J. Insull 14, 87, H.Kotowski 11, A. Paredes 24, 52 • AWL: J. Arnold 106/107, N. Eisele-Hein 42/43 • Bamba Sourang/MTPA 2, 7m, 15, 18/19, 27, 48, 90/91 • Bildagentur Huber 80, G. Simeone 67, M. Ripani 77, 108 • Constance Hotels and Resorts 22 • Corbis 68 • dpa Picture-Alliance 13 • F. Dressler 84 • fotolia.com 51, 63 • gemeinfrei 110r • INTERFOTO: D. Delimont / S. Westmorland 32 • laif: D. Biskup 7o, J.-P. Degas/hemis.fr 7u, 9, 28, 55, 74, 78, 94, 97, B. Rieger/hemis.fr 93, G. Standl 6, 36, 47, P. Wysocki/hemis.fr 59 • Le Touessrok 35 • look-foto: H. Leue 60 • mauritius images: age 20, alamy 4, 40, 73, H. Blossey/imageBROKER 111l, Westend61 88 • one & only Le Saint-Géran 38 • Shutterstock: ArtThailand 110l, ssuaphotos 111r • stock.adobe. com: Unclesam 101 • YourPhotoToday 98